JN441046

마음 회복 연습

마음 회복 연습

곽현정 지음

이음과 필침

프롤로그

해야 할 일은 많은데 늘 시작을 미루고, 책 한 장 읽고 난 후 몇 번이나 핸드폰을 집어 든다. 퇴근하고 집에 돌아오면 몸과 마음이 지쳐 습관처럼 유튜브나 SNS를 연다.

가볍게 조금만 보고 자려던 마음은 어느새 알고리즘에 맡겨지고, 시간 감각은 흐려진다. 마음은 좀처럼 채워지지 않고, 불안만 가득한 채 취침 시간은 점점 늦어진다. 그렇게 또 하루가 지나간다.

많은 사람들의 하루 일상도 크게 다르지 않을 것이다. 현대 사회에서 물리적인 불편함은 줄었고, 자극은 손만 뻗으면 닿는 거리에 있다. 일이나 공부와 같은 자기계발에 힘쓰면서 우리는 분명 하루하루를 열심히 살고 있다.

그런데도 마음은 여전히 허기지다. 왜 이렇게 애쓰며 살아가는데, 마음은 점점 더 고갈되는 걸까.

이때 우리는 종종 이런 결론에 도달한다.

'내가 의지가 약해서 그래.'

'요즘 너무 게을러졌어.'

'우울해서 그런 걸 거야. 빨리 정신차려.'

나약해진 마음을 고쳐야 한다고, 더 단단해져야 한다고 스스로를 다그친다. 그리고 이번에는 정말 다르게 살아보겠다고 다짐한다.

하지만 이런 자책과 결심이 실제로 우리를 변화시킨 적은 많지 않다. 대부분 작심삼일로 끝나고, 오히려 실패할 때마다 자기 비난만 더 정교해진다.

이런 문제들은 정말 우리 마음이 나약해서 생겼을까? 그렇다면 강한 마음은 무엇일까? 우리는 어떤 마음을 가져야 하는걸까? 이 책은 이 질문에서 출발한다. 그리고 그 실마리를 고전에서 찾고자 했다.

『대학』의 8조목은 이렇게 말한다.

格物 致知 誠意 正心 修身 齊家 治國 平天下

격물 치지 성의 정심 수신 제가 치국 평천하

세상을 잘 다스리려면 나라가 안정되어야 한다. 나라의 안정을 위해서는 가정이 평화로워야 하며, 그보다 앞서 한 사람 한 사람이 제대로 서 있어야 한다. 개인이 바로서기 위해선 '성의(誠意)'와 '정심(正心)'을 가져야 한다.

개인이 바로 서기 위해선 정성스러운 뜻과 바른 마음을 가져야 한다는 것이다.

그렇다면 고전은 결국 우리에게 '마음이 바르지 않아서 문제다'라고 말하는 것일까. 바른 마음을 가져야 한다는 잔소리를 하는 걸까?

이 책에서는 이런 질문에서 출발해 심리학의 개념과 연구들을 통해 '바른 마음'이 무엇을 의미하는지 다시 살펴보고자 한다. 어쩌면 문제는 우리가 마음을 제대로 가꾸지 못해서가 아니라, 바른 마음을 잘못 이해해왔기 때문일지도 모른다.

많은 사람들이 건강해지기 위해 좋은 보약을 먹어야 한다고 생각한다. 하지만 그림을 그리기 위해 가장 먼저 해야 할 일은 도화지 위의 낙서를 지우고 흰 배경을 만드는 것이다.

건강을 위해서도 마찬가지다. 무엇을 더하기 전에, 먼저 마음의 건강을 해치는 독소를 멈추는 일이 필요하다. 이 책은 우리의 바른 마음을 가로막고 있는 것부터 살펴볼 것이다.

스스로를 비난하는 생각들, 괜찮은 척하며 감정을 억누르게 만드는 습관들, 타인의 시선에 맞추느라 스스로를 몰아붙이는 조급함, 현재의 만족을 위해 미래를 끌어다 쓰는 충동, 몸과 마음을 소진시키는 그 결과까지 다루고자 한다.

우리가 알게 모르게 반복해온 마음의 사용 방식이 왜 생겨났는지,

어떤 메커니즘으로 작동하는지, 그리고 지속될 경우 어떤 어려움으로 이어지는지를 짚어본다.

그 다음으로, 다시 채워야 할 마음을 살펴본다. 앞서 마음을 해치던 독소를 비워냈다면, 이제는 마음이 필요로 했던 것들을 채워넣어야 한다.

이를 위해 몸과 마음의 감각을 다시 들여다보고, 나 자신을 존중하는 연습을 하며, 고통을 없애지 않고도 그와 함께 삶을 이어갈 수 있는 유연성을 기른다. 그리고 삶의 의미를 가지고 회복과 성장으로 나아가는 과정을 함께 살펴본다.

이 모든 과정은 마음을 더 강하게 단련하기 위한 훈련이 아니라, 이미 소진된 마음이 다시 건강하게 회복하는 것에 초점을 맞춘다.

이 책은 바른 마음이 무엇인지를 다시 묻는 데서 출발한다. 그동안 우리가 너무 쉽게 떠올려왔던 바른 마음은 언제나 옳아야 하고, 흔들리지 않아야 하는 강한 마음이었다. 하지만 정말 그런 마음만이 바른 마음일까?

우리는 이미 충분히 애써왔다. 더 노력하라는 잔소리는 더 이상 통하지 않는다. 대신, 마음을 비우고 필요한 것을 다시 채우는 과정을 통해 바른 마음이 무엇인지, 그리고 우리가 그 마음과 어떻게 살아갈 수 있을지를 함께 살펴보고자 한다.

그 결과 '바른 마음'이라는 말이 강요와 부담이 아닌 회복의 관점에서 이해될 수 있기를 바란다.

목차

3부 마음을 가리는 것들

4부 마음을 되찾는 일

5부 바른 마음이란

1부
마음을 잃어버린 시대

1장 쾌락과 중독의 심리

퇴근 후 집에 돌아와 씻고 나면, 잠들기 전까지 애매하게 남는 시간이 있다. 하루의 일을 마쳤다는 안도감과 함께 아직 잠들기에는 조금 이른 시간.

습관처럼 유튜브를 연다. 처음부터 오래 볼 생각은 없다. 오늘은 무슨 일이 있어도 일찍 잘 것이라고 아침에 분명 그렇게 다짐했기 때문이다.

몇 개의 영상을 넘기고 나면 시간 감각은 흐려진다. 어느새 야식을 주문하고, 영상은 자동으로 다음으로 넘어간다. 피곤한데도 멈추기 어렵고, 보고 나면 특별히 남는 것도 없다. 그렇게 새벽이 되어 잠에 든다. 그리고 다음 날 아침, 눈을 뜨는 순간 다시 생각한다. 오늘은 기필코 일찍 자야지.

시험 기간에 밀린 공부가 있는데도 괜히 핸드폰 사진들을 정리하다가 어느새 영상에 빠져드는 경험도 비슷하다. 해야 할 일이 있다는 사실은 분명히 알고 있지만, 그 사실이 할 일을 하도록 만들지는 못한다.

나에게는 유튜브 영상이지만, 다른 누군가에게는 술자리가, 혹은 또 다른 이에게는 SNS나 게임이 해당될 수도 있다.

이런 순간 우리는 종종 스스로를 탓한다. 의지가 약하다고, 자제력이 없다고, 또 같은 실수를 반복했다고 나를 비난한다. 하지만 이 경험을 조금만 다른 각도에서 보면 질문은 달라진다.

왜 우리는 피곤할수록 더 자극적인 것을 찾고, 내일을 생각할수록 오늘을 망치는 선택을 할까? 왜 '그만 해야지'라는 생각은 행동으로 이어지지 않을까?

이 장에서 다루고 싶은 것은 야식이나 쇼츠 그 자체가 아니다. 문제는 그 행동이 어떤 심리적, 신경학적 메커니즘 위에서 너무 자연스럽게 반복되는가다. 쾌락은 적어도 우리에게 즐거움을 주기에 그 자체로 문제가 되지는 않을 수 있다. 다만 문제는 우리가 그다지 즐겁지도 않은데 계속 원하게 될 때 시작된다.

이제부터 우리는 이러한 쾌락과 중독이 어떻게 만들어지는지, 그리고 왜 많은 사람들이 비슷한 경험들을 하는지에 대해 살펴보려 한다.

즉각적인 보상 환경

도움이 되지 않는다는 것을 알면서도 유사한 쾌락적 선택을 반복하게 되는 이유는 무엇일까?

개인의 의지나 성격의 문제로만 설명하기에는 이런 선택은 너무 자주, 그리고 너무 자연스럽게 반복된다. 게으르다고 탓하기보다, 이제는 우리가 놓인 보상 환경을 살펴볼 필요가 있다.

현대 사회는 인간이 보상을 가장 빠르고 쉽게 얻을 수 있도록 설계된 환경에 가깝다. 배고플 때는 몇 번의 터치로 24시간 문 앞까지 배달이 가능하고, 지루할 때는 몇 초 안에 다른 자극으로 대체할 수 있다.

기분이 가라앉는 순간에도 그 감정을 오래 견딜 필요는 없다. 불편함은 참고 지나가는 것이 아니라, 즉각 조정해야 할 상태가 된다.

쇼츠 영상, SNS, 게임, 술, 담배, 마약 등 쾌락의 종류가 늘어났을 뿐만 아니라, 쾌락에 이르기까지 필요한 시간이 극단적으로 짧아졌다. 욕구와 충족 사이의 간격이 거의 사라지면서, 기다림이나 망설임 같은 과정은 점점 불필요한 것으로 밀려나 생략된다.

우리는 무엇을 원하는지 충분히 마음 속을 들여다보며 생각하기도 전에 이미 반응하고, 소비하고, 다음 자극으로 이동한다. 많은 행동은 의식적인 결정이기보다 환경에 익숙해진 반응에 가깝다.

이러한 즉각적 보상 환경은 우리를 아주 효율적으로 학습시킨다. 어떤 상태에서 어떤 행동을 하면 불편함이 줄어들고 기분이 조금 나아진다는 것을 반복적으로 경험하게 만들기 때문이다. 짧은 휴식 시간, 퇴근 후의 여유, 잠들기 전의 공백은 점점 쾌락을 선택하는 시간이 아니라, 쾌락이 자동으로 개입하는 시간으로 바뀐다.

그 결과, 쾌락은 더 이상 특별한 보상이 아니라, 하루의 틈새마다 자동으로 끼어드는 기본 반응이 된다.

쾌락의 역설, 왜 만족은 오래 가지 않을까?

그렇다면 질문은 여기로 이어진다. 이렇게 쾌락에 쉽게 접근할 수 있는 환경에 놓여 즐길 수 있는데, 왜 현대인들은 행복해보이지 않을까?

분명 즐거운 경험을 했고, 잠시 기분이 나아지기도 한다. 하지만 그 감정은 생각보다 빠르게 사라지고, 얼마 지나지 않아 다시 비슷한 무언가를 찾고 있는 자신을 발견한다. 우리는 쾌락이 늘어난 만큼 더 만족한다고 느끼지 않는다. 왜 만족은 오래 남지 않은 채 쉽게 사라질까? 이는 개인의 욕심이나 태도의 문제가 아니라, 인간의 마음이 작동하는 방식과 깊이 관련되어 있다.

이 현상을 설명하기 위해 심리학자 브릭먼(Philip Brickman)과 캠벨(Donald Campbell)은 사람들이 어떤 사건에도 빠르게 익숙해진다는 심리학의 오랜 관점에 기대어, '쾌락의 쳇바퀴(Hedonic treadmill)'이라는 개념을 제시했다[1].

사람은 긍정적인 사건을 겪어도 곧 그 상태에 빠르게 적응하고, 행복의 기준선은 다시 이전 수준으로 돌아온다는 것이다. 우리가 런닝머신 위에서 아무리 속도를 높여서 달리면서 앞으로 나아가는 것처럼 느끼더라도, 실제로는 항상 제자리를 계속 달리고 있다는 비유에서 따온 개념이다.

이 개념이 주목을 받게 된 계기 중 하나는 브릭먼과 동료들이 수행한 연구였다[2]. 만약 당신이 복권에 당첨되었다고 생각해보자. 상상만으로도 기쁘고, 갑자기 금전적인 여유가 생긴 상황에서 무엇부터 할지 행복한 고민에 빠지게 된다.

실제 연구에서도 복권에 당첨된 사람들은 당첨 직후 매우 높은 행복감을 보고했다. 그러나 시간이 지나면서 그들의 전반적인 행복 수준은 점차 이전과 비슷한 수준으로 돌아갔고, 오히려 일상적인 즐거움에서 느끼는 만족감은 당첨 이전보다 낮아지는 경향을 보였다.

반대로, 사고로 인해 신체적 장애를 입은 사람들은 초기에는 큰 충격과 정서적 고통을 경험했다. 삶이 근본적으로 달라졌다는 사실로 인해 절망과 상실감을 느끼는 것은 자연스러운 일이다. 그럼에도 시간이 지나면서 이들 역시 점차 새로운 일상에 적응했고, 예상보다 빠르게 이전의 행복 수준에 근접하는 모습을 보였다.

연구자들은 이 결과가 고통이 완전히 사라졌다는 의미라기보다, 사람의 마음이 변화된 조건 속에서도 새로운 기준선을 형성하며 점차 적응해 나간다는 점을 보여준다고 해석했다.

즉, 사람들은 긍정적이든 부정적이든 큰 사건을 경험한 직후에는 분명한 감정의 변화를 보이지만, 시간이 지나면 다시 각자의 행복 기준선으로 되돌아가는 경향이 있다. 행복은 내가 경험하는 사건의 크기 자체보다, 그 사건에 얼마나 빨리 적응하느냐에 더 크게 좌우되는 것으로 보인다.

이 연구들이 보여준 중요한 사실은, 인간의 마음에는 일종의 기본값이 존재한다는 점이다. 새로운 쾌락이나 성취는 이 기준선을 잠시 끌어올릴 수 있지만, 시간이 지나면 감정은 다시 익숙한 범위로 돌아온다. 이 과정은 실패가 아니라, 변화하는 환경 속에서 균형을 유지하기 위한 정상적이고도 효율적인 적응 메커니즘이다.

문제는 이 적응 과정을 우리가 거의 자각하지 못한다는 데 있다. 만족이 줄어들면 우리는 그 이유를 '익숙해졌기 때문'이 아니라 '충분히 즐기지 못했기 때문'이라고 해석하기 쉽다.

그래서 같은 만족을 다시 얻기 위해 더 자극적인 것, 더 즉각적인 것, 더 강한 쾌락을 선택하게 된다. 이 선택은 의식적이기보다, 사라진 만족을 회복하려는 자연스러운 반응에 가깝다.

하지만 쾌락은 축적되지 않는다. 같은 자극은 반복될수록 효과가 줄어들고, 이전과 같은 만족을 만들어내지 못한다. 이때 필요한 것은 전혀 새로운 쾌락이 아니라, 이미 경험한 쾌락에 빠르게 적응해 버린 마음의 특성에 대한 이해다.

쾌락의 역설이란, 더 많이 즐길수록 더 만족해지는 것이 아니라 오히려 만족이 더 빨리 소진될 수 있다는 사실을 의미한다.

이 지점에서 쾌락의 성격은 달라진다. 처음에는 휴식이나 보상으로 작동하던 것이, 점차 기분을 유지하기 위한 수단이 되고, 나중에는 불편함을 피하기 위한 기본 반응이 된다. 쾌락은 더 이상 선택의 대상이 아니라, 특정 상태에서 자동으로 호출되는 해결책이 된다.

이 지점에서부터 쾌락은 단순한 즐거움의 문제가 아니라 동기와 행동을 움직이는 시스템의 문제가 된다. 더 이상 쾌락이나 즐거움이 아닌, 중독의 문제가 되는 것이다. 만족은 줄어드는데 원함이 커지는 이유는 무엇일까?

이 질문에 답하기 위해선 이제 이 과정에서 우리의 몸이 어떻게 작동하는지를 살펴볼 필요가 있다.

쾌락에서 중독으로

이쯤에서 한 가지는 분명히 짚고 넘어갈 필요가 있다. 이 장에서 말하는 중독은 알코올이나 약물처럼 소수의 사람에게만 해당되는 극단적인 사례를 말하는 것이 아니다. 자신의 행동을 스스로 멈추기 어려운 모든 것들을 다루고자 한다.

중독 행동은 생각보다 단순한 모습으로 나타난다. 그다지 즐겁지 않다는 걸 알고 있고, 도움이 되지 않는다는 것도 알지만 비슷한 선택을 또 하게 된다. 머리로는 그만해야겠다고 생각하는데, 몸은 이미 익숙한 방향으로 움직인다.

이때의 행동은 선택이라기보다 특정 상황에서 자동으로 튀어나오는 반응에 가깝다.

중독이라고 하면 흔히 술이나 약물처럼 '물질'을 떠올리기 쉽다. 실제로 오랫동안 중독은 특정 물질이 뇌를 변화시키면서 생기는 문제로 이해되어 왔다. 하지만 최근에는 중독을 바라보는 시선이 점점 행동의 영역까지 넓어지고 있다.

대표적인 예가 바로 게임이다. 최근 게임 사용으로 인해 일상생활에 뚜렷한 어려움이 생기는 경우도 '게임 장애'라는 진단 범주에 포함되었다. 이때 문제로 삼는 것은 게임 그 자체가 아니라, 스스로 조절하기 어려워지고, 우선순위가 바뀌며, 부정적인 결과가 생겨도 그 행동을 반복하게 되는 패턴이다.

즉, 중독의 핵심은 무엇을 하느냐보다, 그 행동이 어떤 방식으로 반복되고 있는가에 있다. 이렇게 보면 우리가 일상에서 반복하는 많은 행동들 역시 중독과 전혀 무관하지 않다.

이러한 행동들이 어떻게 만들어지는지를 이해하기 위해선 도파민이라는 뇌 속의 신경전달물질이 어떤 역할을 하는지를 살펴볼 차례다.

중독, 도파민 시스템의 역할

도파민은 흔히 '쾌락 호르몬'으로 불리지만, 실제로 도파민의 역할은 즐거움 그 자체라기보다 무언가를 기대하고 추구하도록 만드는 신호에 가깝다.

도파민은 보상을 받는 순간보다, 보상이 곧 올 것이라고 예상될 때 더 강하게 반응한다. 특히 언제, 어떤 보상이 올지 확실하지 않을수록 이 신호는 더 커진다. 이 과정을 심리학에서는 '보상 예측 오류(Reward prediction error)'라고 부른다[3]. 예상보다 좋은 결과, 혹은 예측하기 어려운 결과가 우리의 도파민 시스템을 가장 효과적으로 자극한다.

이 원리를 떠올리면 왜 어떤 행동은 유독 멈추기 어려운지 이해할 수 있다. 도박, 숏폼 영상, SNS 알림처럼 결과를 미리 알 수 없는 활동은 사람을 오래 붙잡아 둔다. 실제로 많은 경우, 보상을 받는 순간보다 다음 보상을 기다리는 시간이 더 강한 동기를 만들어낸다. 즐거움은 짧아지는데, 기대는 오히려 길어진다.

나의 경우 음식을 좋아한다. 어렸을 적 신우신염에 걸린 후로 식단에 대한 조절이 필요하고 불량음식을 지나치게 먹으면 안 된다는 걸 알면서도 맛있는 건 멈출 수 없다.

내가 가장 신날 때는 간식을 사거나 주문할 때인데, 정작 사 와서 먹으려고 할 때는 그 행복감이 줄고 죄책감이 커진다. 아마 음식 주문 시 내 머릿속에서 도파민 파티가 일어난 것이 아닐까 생각된다.

이 과정이 반복되면 도파민 시스템은 특정 행동에 점점 더 민감해진다. 이때 중요한 변화는 쾌락이 커지는 것이 아니라, 그 행동을 떠올리는 것만으로도 원함이 커진다는 점이다.

특정 시간대, 특정 감정 상태, 특정 장소에 놓이면 별다른 고민 없이 그 행동이 자연스럽게 떠오른다. 흡연자들의 경우 식사를 한 직후, 혹은 술집을 지나갈 때 담배를 피우고 싶은 갈망이 급격히 증가한다고 한다. 이처럼 우리 행동은 선택이라기보다 환경과 상태가 맞아떨어졌을 때 자동으로 실행되는 반응이 된다.

중독을 설명하는 대표적인 이론인 '보상 민감화 이론(incentive sensitization theory)'은 이 지점을 정확히 짚는다[4]. 이 이론에 따르면 중독의 핵심은 즐거움이 커지는 것이 아니라, 원함(wanting)만 과도하게 강화되는 과정이다. 시간이 지날수록 우리는 그 행동을 예전만큼 즐기지는 않지만, 그럼에도 더 자주, 더 강하게 원하게 된다.

그로 인해 중독의 특징적인 모습이 나타난다. 하고 나면 만족스럽지 않은데, 그 행동을 멈출 수가 없다. 머리로는 그만해야 한다는 걸 알지만, 몸은 이미 익숙한 방향으로 움직인다. 의지가 약해서라기보다, 도파민 시스템이 자극에 과도하게 민감해진 결과다.

이 과정에서 만족을 지연시키는 능력은 점차 약해진다. 만족 지연 능력은 흔히 의지력으로 오해되지만, 심리학적으로는 환경과 학습의 영향을 크게 받는 기능이다.

즉각적 보상에 반복적으로 노출될수록 기다림은 불안해지고, 불편함은 없애야 할 대상이 된다. 그 결과 생각과 행동 사이의 간격이 짧아진다. 중독은 이 간격이 점점 사라지는 과정에 가깝다.

이 장의 목적은 쾌락을 비난하는 것도, 중독을 낙인찍는 것도 아니다. 오히려 그 반대다. 이 문제를 개인의 의지 문제가 아니라 메커니즘의 결과로 이해할 수 있기를 원한다. 그래야만 무작정 자신을 통제하고 비난하는 것이 아니라, 어떤 조건에서 통제가 어려워지는지를 이해할 수 있기 때문이다.

2장 자기 소외의 경험

"취미가 뭐에요?"

"스트레스를 받을 때 어떻게 풀어요?"

"쉴 때는 뭐 하세요?"

일상적으로 묻는 질문들이다. 겉으로는 웃으며 영화를 본다거나, 산책을 한다거나 그때그때 다른 대답을 한다. 하지만 이 질문을 받을 때마다 잠시 멈칫하게 된다. 대답할 취미가 없기도 하지만, 무엇을 기준으로 대답해야 할지 잘 모르겠기 때문이다.

내가 좋아하는 것이 무엇인지, 잘하는 것은 무엇인지, 지금의 나에게 무엇이 필요한 상태인지 떠올려보면 생각은 쉽게 이어지지 않는다. 질문들에 대한 답이 아예 없는 것은 아니지만, 선뜻 꺼내놓기에는 어딘가 어색하고 그게 정말 나를 말해주는지 확신이 서지 않는다.

자기계발을 위해 여러 취미를 꾸준히 이어가는 사람을 보면 문득 궁금함이 생긴다. 저건 정말 즐거워서 하는 걸까, 주변에서 좋다고 해서 시작한 걸까, 아니면 하지 않으면 안 될 것 같아서 하는 걸까. 즐거움을 주는 동력은 무엇일까.

그리고 이런 질문은 곧 나 자신에게로 다시 돌아온다. 나는 정말 무엇을 원하는 걸까. 내가 즐거워하는 것은 무엇일까?

우리는 흔히 취미가 있어야 잘 쉬는 사람 같고, 보여줄 만한 활동이 있어야 나를 설명할 수 있다고 느낀다. 그래서 그 질문 앞에서 괜히 자신을 점검하게 된다. 남들처럼 말할 수 있는 무언가를 가지고 있는지, 빠지거나 부족해 보이진 않는지를 살핀다.

하지만 꼭 무언가를 하고 있어야만 나를 잘 설명할 수 있는 것은 아닐지도 모른다. "취미는 없어요. 대신 요즘은 잘 쉬는 게 취미예요."라고 말할 수 있다면, 그건 부족함이 아니라 지금의 내 상태를 잘 알고 있다는 뜻일 수도 있다.

중요한 것은 있어보이는 거창한 활동이 아니라, 지금의 나에게 맞고 필요한지다. 노래를 틀어놓고 흥얼거리며 집을 정리하는 일도, 아무 계획 없이 침대에 누워 귤을 먹으며 조용히 시간을 보내는 일도 충분히 취미가 될 수 있다.

문제는 우리가 지금 자신의 상태를 잘 알지 못하게 되었을 때 발생한다.

아침에 일어나 학교를 가거나 출근을 하고, 열심히 생활을 하다 집에 돌아와 잠시 시간을 보낸 뒤 잠에 든다. 삶은 큰 문제없이 하루하루 굴러가고 있는데, 정작 그 속에서 나는 누구인지, 무엇을 좋아하는지, 어떤 선택이 나에게 맞는지에 대한 감각은 점점 흐려진다.

자기 상실은 이렇게 시작될 수 있다. 완전히 무너진 것만이 아니라, 나를 기준으로 선택하고 나의 상태를 알아차리는 감각이 서서히 약해진 상태이다.

자기 소외, 나에 대한 감각이 흐려진 상태

사람에게는 하나의 모습만 있는 것이 아니다. 우리는 상황에 따라 다른 역할을 하고, 다른 태도를 취하며, 여러 얼굴로 살아간다. 집에서의 나와 직장에서의 나, 친한 사람 앞에서의 나와 처음 만난 사람 앞에서의 나의 모습은 분명히 다르다.

이 다양성 자체는 문제가 아니다. 오히려 사회 속에서 살아가기 위해 꼭 필요한 능력에 가깝다.

문제는 이런 다양한 모습들 가운데 어느 쪽이 나라는 사람에 더 가까운지를 느낄 여유가 사라질 때 생긴다.

상황에 맞게 모습을 바꾸는 것이 계속되다 보면, 우리는 점점 지금 이 순간에 필요한 모습을 찾고 그에 맞추는 것에 능숙해진다. 그 결과, 외부의 상황에 맞추면서 진짜 본래의 자신이 어떤 사람인지를 돌아볼 기회는 줄어들게 된다[5].

정신분석가 위니컷(Donald Winnicott)은 이런 상태를 설명하기 위해 '참 자기(True self)'와 '거짓 자기(False self)'라는 개념을 제시했다[6]. 여기서 말하는 거짓 자기는 위선이나 가식이 아니다. 환경의 요구에 맞추기 위해 만들어진, 사회적으로 기능하는 자기를 뜻한다.

적절한 수준의 거짓 자기는 우리를 보호해준다. 상황에 맞게 행동하게 하고, 관계를 유지하게 하고, 사회 속에서 살아갈 수 있도록 돕는다. 눈치있게 맥락을 파악하고 그에 맞춰서 살 수 있도록 한다.

문제는 이 거짓 자기가 너무 오래, 그리고 전면에 나설 때다.

환경의 요구에 즉각적으로 반응하는 일이 일상이 되면 우리는 점점 '내가 원하는 것이 무엇인가?'에 대해 묻기 보다는 '여기서는 어떤 모습이 필요할까?'에 대해 묻게 된다.

처음에는 별일 아닌 선택처럼 느껴진다. 조금 더 무난한 쪽을 고르고, 갈등이 생기지 않을 방향을 택하고, 괜히 튀지 않는 태도를 유지하는 일들이다. 다만 그렇게 선택을 미루고 조정하는 일이 반복되다 보면, 정작 내가 무엇을 느끼는지는 판단의 기준에서 자연스럽게 빠져나간다.

이 과정이 반복될수록, 참 자기를 들여다보는 시간은 자연스럽게 줄어들게 된다. 당장 문제를 해결해주지 않기에 우선순위가 한참 뒤로 밀려난다. 대신 우리는 점점 더 잘 맞추는 사람이 되고, 상황을 읽는 데 능숙해진다.

상황에, 타인에, 맥락에는 잘 맞추지만, 정작 자기 자신에게는 맞추지 못하는 자기 소외가 발생하게 되는 것이다.

그 결과, 자기개념이 모호하게 된다. '자기개념 명확성(Self-concept clarity)'이란 내가 누구인지에 대한 생각이 얼마나 분명하고, 일관되며, 안정적인지를 의미한다[7].

자기개념 명확성이 낮아진다는 것은 자기가 사라진다는 뜻이 아니다. 성격도, 가치도, 관계도 여전히 존재하지만, 이들을 하나의 사람으로 묶어주는 중심 감각이 흐려지게 되는 것이다.

나에 대한 정보는 많지만, 그 정보들이 하나의 이야기로 연결되지 않고 흩어져 있다.

이 상태에서는 무엇을 좋아하는지보다 무엇이 괜찮아 보이는지가 선택의 기준이 되고, 무엇을 원하는지보다 무엇이 요구되는지가 앞선다.

자기 소외는 이렇게 자기 판단이 조금씩 뒤로 밀리는 방식으로 진행된다. 타인의 기대나 조건에 맞춰 살수록, 자신의 경험과 자기 개념 간의 거리는 더욱 멀어진다. 이렇게 나를 설명하던 기준이 흐려지면, 선택의 방향도, 회복의 방식도 함께 흔들릴 수밖에 없다.

자기 소외가 나타나는 원인

자기 소외는 어느 날 갑자기 생긴 것이 아니다. 대신 아주 익숙한 일상의 선택과 태도가 반복되는 과정에서 누적된 결과다.

그렇다면 왜 우리는 내면의 자기를 들여다볼 시간보다 외부의 요구에 반응하는 것에 더 익숙해지게 되었을까?

① 수없이 많은 역할을 감당해야 할 때

우리는 하루에도 여러 번 자신을 바꿔가며 산다. 집에서는 가족의 한 구성원으로서 역할을 하고, 밖으로 나오면 해야 할 공부와 일을 떠올린다.

누군가의 이야기를 들어주며 따뜻하게 위로의 말을 해야 할 때도 있고, 어떤 순간에는 책임을 지는 사람으로서 판단을 내려야 한다. 때로는 지시하는 위치에 서고, 또 어떤 날에는 지시를 따르는 사람이 된다. 이렇게 하루를 지나오다 보면, 나라는 사람은 한 가지 모습으로 머무를 틈 없이 계속 이동한다.

각각의 역할에 몰두하는 것은 중요하고 그 자체로는 크게 문제되지 않는다. 다만 이 역할의 전환이 쉴 틈 없이 이어질 때 문제가 생긴다. 상황마다 요구되는 태도에 맞추느라, 어느 순간부터는 자기 자신을 잃어버리게 된다.

우리는 모두 한정된 시간과 에너지, 정서적인 자원을 가지고 있다. 그런데 여러 역할이 동시에 요구될수록 역할 과부하가 생기게 된다[8]. 서로 다른 맥락에서 너무 다른 역할과 모습을 요구받고 때로는 충돌하기도 한다.

자아는 여러 맥락에 맞게 기능하지만, 각각의 조각들이 주관적인 나로서 하나의 감각으로 연결되지 않으면서 점차 자기 개념이 불안정해지는 것이다. 그 결과 앞서 살펴보았던 자기개념 명확성의 약화로 이어진다.

사람들은 종종 "특별히 힘든 일은 없는데, 계속 피곤하다."고 말한다. 이는 에너지의 문제가 아니라, 자기 통합의 문제일 수도 있다.

각각의 개별적인 역할을 수행하느라 쓰인 에너지가 나로 돌아오는 시간을 갖지 못한 채 소모되기 때문이다.

② 외부의 기준을 내면화할 때

비교는 원래 참고에 가깝다. 다른 사람을 보며 방향을 가늠하고, 나에게 맞는 속도를 조절하는 데 도움을 준다.

하지만 어느 순간부터 비교는 참고가 아니라 절대적인 판단의 기준이 된다. 내가 지금 잘하고 있는지, 혹시 너무 뒤처지지는 않았는지, 이 정도면 괜찮은 사람인지를 끊임없이 묻는다. 그 질문의 기준이 점점 내 안이 아니라 밖에 놓이게 된다.

이때 마음에는 미묘한 긴장이 생긴다. 누군가의 성취를 보며 성장의 자극을 받기보다는, 괜히 마음이 움츠러들고 지금의 나를 빠르게 점검하게 된다. 부족한 점부터 떠오르고, 아직 도달하지 못한 지점이 더 선명해진다.

외적인 보상이나 평가, 타인의 인정에 강하게 노출될수록, 우리는 내적인 동기나 자신의 감정 단서에 대한 접근이 더 낮아지게 된다[9].

특히 평가 중심의 환경에서는 사람들이 자신의 내적인 상태보다 외적인 기준이나 규칙, 결과 등에 더 민감해진다. 수행하고 있는 과제를 온전히 즐기기보다 이것을 잘하고 있는지, 잘 할 수 있는지가 판단의 기준이 된다.

그 결과, 자기 평가가 외부 기준에 강하게 묶일수록, 사람들은 자신의 감정과 욕구를 신뢰하지 않게 된다. 기분이 어떤지보다 이 기분이 적절한지를 묻고, 내가 이것을 원하는지보다 원해도 되는지를 먼저 따지게 된다[10].

내부의 신호보다는 외부 반응을 더 먼저 확인하는 것이다. 이 순간부터 나는 기준이 아니라 평가의 대상이 된다.

③ 나 자신조차 관리의 대상이 될 때

현대 사회에서 우리는 점점 살아가는 나보다 관리해야 할 나에 익숙해진다. 오늘의 컨디션, 감정 상태, 생산성, 성과, 이 모든 것이 점검과 관리의 대상이 된다.

처음에는 이런 모니터링이 도움이 되는 것처럼 느껴진다. 나를 더 잘 알기 위한 기록, 더 나은 선택을 위한 점검 같다.

하지만 어느 순간부터 우리는 느끼기 전에 평가하고, 머무르기 전에 정리한다. 특히 평가하고 비교하는 환경에 더 많이 노출될수록 자신의 감정이나 신체 감각은 민감하게 인식해야 할 신호가 아니라 일의 성과를 방해하는 변수처럼 느낀다. 그렇기에 자신의 상태에 대한 인식은 줄어들고, 관찰하고 점검하는 경향이 강해진다.

심리학 연구에서는 이를 '자기 대상화(Self-objectification)'의 한 형태로 본다. 자신을 경험하는 주체라기보다 관찰되고 평가되는 대상으로 인식하는 경향이다.

이는 단순히 외적인 문제에만 국한되지 않고, 성과나 능력, 태도, 감정 관리까지 확장된다.

그 결과, 마음에는 미묘한 거리감이 생긴다. 기쁨도, 피로도, 슬픔도 모니터링해야 할 항목처럼 느껴진다. 그 감정을 느끼는 나보다, 그 감정을 관리하는 내가 더 앞에 나선다.

자기 소외의 결과

자기 소외가 오래 지속되면, 그것은 점차 자기 상실의 감각으로 변한다. 이 변화는 눈에 띄지 않게 진행된다. 갑자기 무너지는 것도 아니고, 당장 일을 못 하게 되는 것도 아니다. 오히려 겉으로 보기에는 여전히 잘 해내고 있다. 일정은 돌아가고, 책임은 지켜지고, 삶은 문제없이 굴러간다.

그런데 이상하게도, 몸과 마음은 계속 피곤하다. 특별히 힘든 일을 한 기억이 없는데도 이미 지쳐 있고, 쉬어도 회복되는 느낌이 들지 않는다. 하루를 보내고 나면 성취감보다는 막연한 소진만 남는다. 무엇이 이렇게 힘들게 했는지 정확히 짚어보려 하면, 떠오르는 것은 없다. 그냥 계속 바빴을 뿐이다.

이때 많은 사람들은 자신을 탓한다. 의지가 약해서, 체력이 떨어져서, 관리가 부족해서 그렇다고 생각한다. 하지만 이 피로는 단순한 과로의 문제가 아니다. 나를 기준으로 살지 못한 시간이 누적된 결과에 가깝다.

자기 상실이 진행되면, 무기력은 종종 이런 모습으로 나타난다. 아무것도 하기 싫어서가 아니라, 무엇을 해도 나와 연결되는 느낌이 들지 않는다. 하고 싶은 일이 없는 것이 아니라, 무엇이 하고 싶은 것인지 잘 느껴지지 않는다. 선택을 앞두고서도 마음은 조용하고, 방향을 잡아주는 감각은 흐릿하다.

이때 나타나는 피로는 단순한 신체적 소진이 아니라 정체성의 피로다. 나는 계속 나로서 살아가고 있는 것 같은데, 정작 나 자신과 함께 있는 시간은 점점 불편해진다.

혼자 있는 시간이 쉬는 시간이 아니라, 괜히 마음이 허전해지는 시간이 된다. 그래서 우리는 더 바쁘게 움직이거나, 더 많은 자극으로 그 공백을 덮으려 한다.

번아웃과 무기력은 그래서 어느 날 갑자기 찾아오는 병이 아니다. 그보다는 오랫동안 나를 삶의 중심에서 밀어낸 결과, 뒤늦게 드러난 신호에 가깝다.

이러한 마음의 문제들은 의지를 다잡는다고 해결되지 않는다. 무언가를 더 해내서 극복할 수 있는 종류의 문제도 아니다. 지금의 피로와 공허는 더 잘해보라는 요구가 아니라, 다시 나를 기준으로 삼아보라는 요청일지도 모른다.

3장 주의의 파편화

우리는 집중하지 못하는 자신을 너무 쉽게 문제 삼는다. 해야 할 일은 분명한데 시작이 되지 않고, 책 한 장을 읽기까지 여러 번 휴대전화를 들여다보며, 중요한 생각을 하려는 순간 사소한 알림 하나에 흐름이 끊긴다.

"요즘 왜 이렇게 산만하지", "나도 혹시 주의력결핍 과잉행동장애가 아닐까", "예전보다 의지가 약해진 것 같아." 이런 질문은 언제나 개인에게 책임을 돌리는 방향으로 흘러간다. 정말로 이 시대의 집중력 저하는 개인의 성격이나 노력 부족으로만 설명될 수 있을까.

주의는 계속 끊기도록 설계되어 있다

심리학에서 '주의(attention)'는 단순한 의지나 태도의 문제가 아니다.

주의는 본질적으로 인지적 자원이라 제한적이어서, 동시에 처리할 수 있는 정보의 양과 깊이에는 명확한 한계가 있다. 인지심리학 연구들은 오래전부터 인간이 여러 과제를 동시에 처리할 때 성능이 떨어진다는 사실을 반복적으로 보여주었다.

흔히 멀티태스킹이라고 불리는 능력은 실제로는 하나의 과제를 잠시 멈추고 다른 과제로 빠르게 전환하는 과정에 가깝다. 이 전환에는 항상 인지적 비용이 따르며, 전환이 잦아질수록 집중의 깊이는 얕아지고 오류와 피로는 증가한다.

그럼에도 현대 사회는 멀티태스킹을 능력처럼 요구한다. 우리는 이메일을 확인하면서 보고서를 작성하고, 회의에 참석한 채 메신저에 응답하며, 업무 중간중간 수시로 알림에 반응한다. 일과 휴식의 경계는 흐려졌고, 주의는 하나의 대상에 오래 머무르기보다 끊임없이 이동하도록 훈련된다.

이러한 환경에서 주의는 더 이상 개인이 선택하고 유지하는 대상이 아니라, 외부 자극에 의해 끊임없이 호출되는 반응 체계로 바뀐다. 무엇에 집중할지를 내가 결정하기보다, 무엇이 나를 부르는지가 주의를 결정하는 구조가 만들어진 것이다[11].

이러한 변화는 개인의 체감 경험과도 깊이 맞닿아 있다. 많은 성인이 “집중을 못 한다”고 말하지만, 그 표현을 자세히 들여다보면 단순히 집중력이 없다기 보다는 주의의 과잉 분산에 가깝다[12].

해야 할 일을 알고 있음에도 시작이 되지 않고, 시작하더라도 금세 다른 자극으로 이동하게 되는 것이다. 이는 주의가 부족해서라기보다, 주의가 너무 많은 방향으로 동시에 열려 있기 때문에 발생하는 현상이다. 중요한 일과 덜 중요한 자극 사이의 위계가 무너지고, 모든 것이 같은 강도로 주의를 요구하는 상태가 된다.

주의가 파편화된 결과

이런 맥락에서 최근 성인 ADHD(Attention Deficit/Hyperacitvity Disorder; 주의력 결핍/과잉행동 장애)에 대한 관심이 증가한 것은 우연이 아니다[13].

진단 기준을 충족하지 않더라도, 많은 성인이 ADHD와 유사한 경험을 공유하고 있다. 여기에는 주의 지속의 어려움뿐 아니라 실행 기능의 저하가 포함된다. 실행 기능은 해야 할 일을 계획하고, 시작하고, 끝까지 수행하는 능력과 관련된다.

주의가 계속 분산되면 이 기능은 제대로 작동하기 어렵다. 머릿속에서는 할 일이 분명한데 몸은 움직이지 않는 상태, 시작하지 못한 채 시간만 흘러가는 경험은 많은 현대인이 공통적으로 겪는 장면이 되었다.

이 상태가 반복되면 심리적 비용은 점점 커진다. 해야 할 일을 미루는 하루가 반복되고, 미완성 과제는 다음 날의 부담으로 넘어간다.

심리학 연구에 따르면 끝내지 못한 일은 끝낸 일보다 더 자주 의식에 떠오르며, 이는 지속적인 긴장 상태를 만든다[14]. 이 긴장은 곧 죄책감과 자기비난으로 전환된다. "왜 이것도 못 하지", "나는 왜 이렇게 의지가 약할까"라는 생각은 집중력 저하의 원인을 설명해주지 못한 채, 오히려 마음의 에너지를 더 소진시킨다.

주의 파편화는 성취감에도 직접적인 영향을 미친다. 성취감은 단순히 많은 일을 처리했을 때 생기지 않는다. 하나의 과정을 시작하고, 중간을 거쳐, 끝까지 경험했을 때 형성된다[15].

그러나 주의가 계속 끊기면 경험의 연속성이 깨진다. 바쁘게 움직였음에도 무엇을 했는지 선명하게 남지 않고, 하루를 돌아보면 공허함만 남는다. 이는 자기효능감의 저하로 이어진다.

자기효능감은 '나는 해낼 수 있다'는 감각으로, 반복적인 완료 경험을 통해 생길 수 있다. 그런데 계속해서 주의가 끊기게 되면 완료 경험 자체를 어렵게 만든다[16].

흥미로운 점은 사람들이 이런 상태에서 쉬고 싶어 하면서도, 실제로는 잘 쉬지 못한다는 사실이다. 휴식 시간에도 우리는 또 다른 자극에 노출된다. 짧은 영상, 빠르게 넘기는 피드, 즉각적인 반응을 요구하는 콘텐츠는 뇌에 빠른 보상을 제공한다.

신경과학 연구에 따르면 이러한 자극은 보상과 관련된 도파민 시스템을 자극하고, 특히 예측할 수 없는 보상일수록 주의를 더 잡아

끌게 된다[17].

문제는 이것이 회복을 위한 휴식이 아니라는 데 있다. 주의는 다시 외부로 끌려가고, 내부 상태를 느낄 여유는 생기지 않는다.

이 지점에서 주의 파편화는 쾌락과 긴밀하게 연결된다. 우리는 흔히 쾌락을 즐거움을 추구하는 행위로 이해하지만, 실제로는 불편한 상태를 피하려는 선택인 경우가 많다. 집중이 되지 않을 때 느껴지는 막연한 불안, 시작하지 못한 일에 대한 압박감, 아무것도 하지 못하고 있다는 감각에서 잠시 벗어나기 위해 우리는 더 쉽고 즉각적인 자극으로 이동한다. 그러나 이 회피는 문제를 해결하지 못한 채, 다시 더 큰 부담으로 돌아온다. 집중은 더 어려워지고, 자극에 대한 의존은 강화된다.

주의 파편화의 가장 깊은 문제는 자기 경험의 단절이다. 주의는 정보를 처리하는 기능이면서 동시에 경험을 이어주는 역할을 한다. 하나의 생각을 충분히 따라가고, 감정의 변화를 끝까지 느끼며, 어떤 질문 앞에 오래 머무를 수 있을 때 우리는 자신을 이해할 수 있다.

그러나 주의가 끊임없이 중단되면 생각은 미완으로 남고, 감정은 충분히 인식되지 못한다. 그래서 많은 사람이 "요즘 내가 뭘 느끼는지 잘 모르겠다", "왜 이렇게 공허한지 모르겠다"고 말한다. 이는 감정이 없어서가 아니라, 감정을 따라갈 주의가 허락되지 않기 때문이다.

그럼에도 사회는 여전히 개인에게 집중을 요구한다. 관리하라, 줄여라, 통제하라. 하지만 이런 조언은 조건을 고려하지 않는다. 주의는 개인의 태도만으로 조절될 수 있는 기능이 아니며, 쉼과 몰입 역시 환경적 설계 없이 가능하지 않다. 주의가 계속해서 외부 자극에 의해 분절되는 구조 속에서, 개인에게만 책임을 묻는 것은 또 다른 자기비난을 낳는다.

이 장에서 말하고 싶은 것은 해결책을 제시하는 것이 아니다. 오히려 문제를 다시 정의하는 일에 가깝다. 주의 파편화는 개인의 실패가 아니라, 이 시대가 만들어낸 마음의 형태다. 많은 사람이 겪고 있는 집중의 어려움은 의지의 부족이 아니라, 주의를 빼앗기는 조건 속에서 살아온 결과다.

그렇기에 우리는 더 강한 의지를 요구하기 전에, 무엇이 우리의 주의를 흩어놓았는지를 먼저 물어야 한다. 마음을 되찾는 일은 집중력을 훈련하는 기술 이전에, 이 시대가 우리의 주의에서 무엇을 앗아갔는지를 인식하는 데서 시작될 수 있다.

2부 마음을 바로 세우다

1장 고전에서 답을 찾다

1부에서는 현대인이 겪고 있는 여러 마음의 문제를 살펴보았다. 수많은 자극에 중독되고, 외부 시선과 평가에 초점을 맞추느라 정작 내 자신은 뒤로 밀리게 된다. 집중은 쉽게 흐트러지고, 많은 사람들이 지치고 소진되어 있다.

마음을 다잡아야 한다고 생각하지만 정작 우리 마음은 너무 쉽게 흔들린다. 이런 현상은 흔히 '요즘 사람들의 문제', '요즘 젊은 세대의 나약함'이라는 말로 설명되곤 한다.

실제로 뉴스 기사나 SNS를 살펴보면, 오늘날 젊은 세대가 참을성이 없고, 쉽게 지치며, 의지가 약하고, 개인주의적이라는 진단은 어렵지 않게 찾아볼 수 있다.

마치 지금 세대가 이전과는 전혀 다른 방식으로 유난히 취약해진 것처럼 말이다. 이렇게 현대 사회의 문제들은 더욱 문제로 두드러진다.

하지만 이런 이야기가 과연 새로운 것일까? 조금만 시선을 과거로 돌려보면, 비슷한 탄식은 놀라울 정도로 반복되어 왔다.

기원전 3세기, 전국시대를 살았던 한비자는 「오두(五蠹)」편에서 당대의 젊은이들을 이렇게 묘사한다.

> 요즘 덜 떨어진 젊은 녀석들이 있다. 부모가 화를 내도 고치지 않고, 동네 사람들이 나무라도 꿈쩍도 않고, 어르신들이 가르쳐도 변할 줄 모른다.

이처럼 '부모의 사랑', '마을의 행실', '스승의 지혜'라는 세 가지 좋은 가르침에도 끝내 미동도 하지 않는다. 한가닥 정강이 털조차도 바꾸는 일이 없다.

이 장면은 낯설지 않다. 부모의 말이 통하지 않고, 공동체의 규범이나 주변의 조언에도 무감하며, 교육과 가르침이 더 이상 변화를 만들어내지 못한다는 이야기는 오늘날 기사 속에서도 반복된다.

표현과 맥락은 다르지만, 젊은 세대를 바라보는 시선은 시대마다 크게 다르지 않았다. 우리는 늘 '현대 사회의 문제가 커지고 있다'라는 말로 시대의 불안을 설명해 왔다. 하지만 이 반복은 문제가 특정 세대에 있지 않다는 사실을 오히려 드러낸다.

현상은 달라지고, 환경은 바뀌며, 문제가 드러나는 방식과 강도는 시대마다 다르지만, 욕망과 두려움 사이에서 갈등하는 마음, 타인의 시선에 위축되는 감정, 스스로를 다스리지 못해 느끼는 피로, 사람의 마음이 흔들리는 지점 자체는 크게 달라지지 않았다.

이 점에서 1부에서 다룬 중독, 자기 소외, 주의력 저하는 현대 사회에만 나타나는 문제라기보다 인간의 마음이 반복해서 겪어온 어려움이 오늘날의 환경과 조건 속에서 드러난 모습에 가깝다.

그렇기에 우리는 지금의 문제를 지금 세대의 결함으로만 설명할 것이 아니라, 더 오래된 질문으로 되돌려 볼 필요가 있다.

이미 지나간 과거의 역사를 배우는 이유는 비슷한 문제가 다른 시대에는 어떤 모습으로 나타났고, 어떤 방식으로 이해되었는지를 보기 위해서다. 역사는 완전히 같은 모습으로 반복되지는 않지만, 유사한 질문을 끊임없이 되돌려 준다.

> 역사는 과거와 현재의 끊임없는 대화이다.
>
> \- 에드워드 핼릿 카, 역사학자, 『역사란 무엇인가』

> 미래에 대한 최선의 예언자는 과거이다.
>
> \- 조지 고든 바이런, 시인

과거를 돌아본다는 것은 현재를 이해하기 위한 하나의 방식이다. 지금 겪는 문제가 나만의 실패도, 이 시대만의 문제도 아니라는 사실을 알게 될 때, 우리는 문제를 보다 근본적으로 바라볼 수 있다.

이처럼 고전도 마찬가지다. 고전은 어떻게 살아야 하는지에 대한 정답을 제시하기보다, 무엇을 기준 삼아 살아가고 있는지를 묻는다. 그 질문은 때로 불편하고 명확한 해답을 주지 않기도 하지만, 삶의 방향을 점검할 기준을 마련해 준다.

따라서 이 책에서는 고전을 지금 시대의 방향키로 설정하고자 한다. 고전을 깊이 해설하려는 것도 아니고, 과거의 삶을 그대로 따라야 한다고 주장하려는 것도 아니다. 나 역시 고전을 잘 알지 못한다.

다만 마음을 잃어버린 채 혼란을 겪고 있는 이 시대에, 오랫동안 마음을 다뤄온 고전의 시선을 잠시 빌려보자는 제안이다. 그 내용을 심리학과 연결지어 이해해보고자 한다.

이 책에서 중심에 두는 고전은 『대학(大學)』이다. 대학은 인간과 사회의 문제를 '팔조목(八條目)'이라는 아주 단순한 구조로 정리한다.

格物致知(격물치지) 사물에 이르러 앎을 이루고,

誠意正心(성의정심) 뜻을 성실히 하여 마음을 바르게 하고,

修身齊家(수신제가) 몸을 닦고 집안을 정돈하며,

治國平天下(치국평천하) 나라를 다스리고 천하를 평화롭게 한다.

이 문장을 키워드로 삼은 이유는 거창하지 않다. 이 구조가 현대 사회가 겪고 있는 혼란의 출발점을 가장 간결하게 짚어 주기 때문이다.

가정은 불안정해지고, 사회는 갈등으로 가득 차며, 정치는 신뢰를 잃어가고 있다. 이런 문제는 어디에서 시작되었을까?

『대학(大學)』은 이에 놀라울 만큼 단순하게 답한다. 천하가 평화롭지 못한 이유는 나라가 제대로 다스려지지 않았기 때문이고, 나라가 흔들리는 이유는 가정이 바로 서지 못했기 때문이며, 가정이 흔들리는 이유는 개인이 바로 서지 못했기 때문이다.

그리고 개인이 바로 서지 못하는 이유를 '성의'와 '정심'이라는 두 개념으로 설명한다. 우리의 뜻이 정성스럽지 못하고 마음이 바르지 않기 때문이다.

여기서 질문은 자연스럽게 이어진다. '정성스러운 뜻'이란 무엇이며, '바른 마음'이란 어떤 상태를 의미하는 걸까?

이 책은 바로 이 질문에서 출발했다. 고전에서 말하는 성의와 정심이 무엇인지를 알아보고, '바른 마음'이 심리학적 개념과 연구로 어떻게 이해될 수 있는지를 살펴보고자 한다.

이는 우리가 잃어버린 마음의 방향과 이를 회복하는 해결책을 찾는 데 도움이 될 것이다.

2장 마음을 속이지 않는다는 것

<유퀴즈 온 더 블럭>에 출연한 한 교수님에게 다이어트를 하는 방법에 대해 묻자, 뜻밖의 답을 들었다.

"여러분, 여러분은 이미 알고 있습니다."

그렇다. 우리는 생각보다 훨씬 더 많은 것을 알고 있다. 무엇을 먹을 때 살이 찌고 건강을 해치는지, 무엇이 나를 소모시키는지, 어떤 선택이 결국 후회로 돌아오는지 이미 여러 번 깨달았다. 그럼에도 행동으로 옮기는 일은 여전히 어렵다.

결국 문제는 좋은 방법을 알지 못해서가 아닐지도 모른다. 이미 알고 있는 것을 삶의 기준으로 옮기지 못하고 있기 때문이다. 고전이 주목한 것도 바로 이 지점이었다.

格物致知 誠意正心 修身齊家 治國平天下

격물치지 성의정심 수신제가 치국평천하

지식을 축적하고 깨달음을 얻는 단계와 자신을 수양하는 단계 사이에 '성의'와 '정심'을 두었다. 결국 아는 것과 사는 것 사이에서의 간극을 우리 마음의 문제로 다룬 것이다.

'성의(誠意)'를 있는 그대로 풀이하면 '뜻을 참되고 진실되게 한다'는 의미다. 여기서 뜻은 막연히 '오늘부터 긍정적으로 살아야지' 같은 선언에 머무르는 게 아니다.

『대학』에서 말하는 '뜻'은 마음이 이미 하나의 대상과 방향을 향해 움직이고 있는 상태를 가리킨다. 아직 행동으로 옮겨지지는 않았지만, 실제로 뭔가 선택하고 행동하려는 직전의 마음을 말한다.

그렇다면 뜻을 '정성스럽게' 한다는 것은 무엇을 의미할까?

誠意者 毋自欺也

성의자 무자기야

뜻을 참되게 한다는 것은 자기 자신을 속이지 않는 것이다. 결국 외부 기준에 맞추어 스스로를 꾸며내는 태도가 아니다. 남에게 좋아 보이기 위해 마음을 다듬는 것도 아니고, 사회가 요구하는 모습에 자신을 억지로 끼워 맞추는 것도 아니다.

대신, 나 자신을 기준으로 삼는 것이다. 내가 무엇을 원하는지, 무엇이 불편한지, 무엇을 하고 싶지 않은지, 무엇을 두려워하는지를 애써 무시하거나 합리화하지 않는 것, 스스로를 기만하거나 깎아내리며 살지 않는 것을 가리킨다.

이 점에서 성의는 생각보다 불편한 개념이다. 우리는 종종 자신을 속이면서도 그 이유를 아주 그럴듯하게 포장한다. "다들 이렇게 사니까", "지금은 바빠서 어쩔 수 없으니까", "조금만 참으면 괜찮아질 테니까,"

이 말들이 무조건 잘못되었다는 것은 아니지만, 결국 이 과정에서 마음은 조금씩 자신에게서 멀어진다. 이 때는 아무리 옳은 말을 하고 바른 흉내를 내도 정심(正心), 바른 마음으로 나아갈 수 없다.

마음의 뜻이 나를 기준으로 설정되어 있지 않기 때문이다.

그래서 『대학』은 이런 정성스러운 뜻을 지키는 방법으로 신독을 제시한다. 신독(愼獨)은 홀로 있을 때(獨, 홀로 독) 삼가라(愼, 삼가할 신)고 해석된다.

누가 보지 않아도 항상 도덕적으로 바르게 행동해야 한다는 잔소리처럼 들릴 수도 있지만, 그 핵심은 도덕이 아니라 기준에 있다. 남이 볼 때만 괜찮은 사람이 아니라, 혼자 있을 때도 나의 마음을 속이지 않는 것이 중요하다.

외부의 시선이나 인정, 빠른 성과, 평가에 지나치게 의존하고 연연할수록 우리는 쉽게 자기 마음을 속이게 된다. 무엇을 원하는지 묻기 전에 무엇이 더 나아 보이는지를 먼저 따지게 된다.

그렇기에 우리는 자신의 마음에 더 관심을 기울이고 더 많은 질문을 던질 필요가 있다.

지금 이 선택은 정말 내 마음과 어긋나 있지는 않을까? 나는 왜 이 방향을 택하려 할까? 이 욕망은 진짜 원하는 걸까, 아니면 다른 걸 피하고 싶어서 붙잡는 걸까?

외부의 시선이나 평가가 사라진 자리에서도 내 마음의 상태를 점검하는 것이 우리 마음을 지키는 시작이 된다. 성의는 SNS나 성과를 중시하는 현대사회에서 중요한 울림을 가질 수 있다.

결국 외부의 대상이나 상황, 타인에 대해 알기만 해선 소용이 없다. 앎이 삶이 되기 위해선 무엇보다 내 자신에 대한 앎이 필요하다.

격물치지를 통해 얻은 앎이 우리 삶을 바꾸기 위해선, 결국 그 앎을 자기 마음의 뜻 위에 올려놓아야 한다. 이때 비로소 마음은 방향을 갖게 되고, 정성스러운 뜻(성의)은 그 다음 단계인 바른 마음(정심)으로 나아갈 수 있다.

3장 마음의 중심을 바로 세운다는 것

앞서 성의를 통해 우리는 내 마음을 속이지 않는 마음을 가졌다. 그렇다면 바로 우리는 수양을 할 수 있을까?

내 자신에게 진실되는 것만으로는 충분하지 않다. 아무리 뜻이 참되더라도, 마음이 흔들리고 어지러운 상태라면 그 뜻은 제대로 작동하기 어렵기 때문이다. 그렇기에 우리는 다음 단계가 필요하다.

성의(誠意) 다음 단계는 정심(正心)이다. 정심, 바른 마음은 마음의 중심을 바로 세우는 단계이다.

『대학』은 우리 자신을 수양하기 위해 우리 마음을 바르게 하는 것이 먼저라고 말한다. 바른 마음에 대해 다음과 같이 설명한다.

身有所忿懥 有所恐懼

신유소분치 유소공구

有所好樂 有所憂患 則不得其正

유소호락 유소우환 즉부득기정

한자여서 어렵게 들리지만, 사실 뜻은 분명하다. 우리 마음이 감정에 붙잡혀 있으면 우리는 바른 마음을 얻을 수 없다는 말이다.

여기서 마음을 어지럽히는 상태는 크게 네 가지로 정리된다.

지나치게 화가 난 상태(**忿**, 성낼 분, **懥**, 성낼 치)

지나치게 두려워하는 상태(**恐**, 두려울 공, **懼**, 두려워할 구)

지나치게 좋아하고 즐기는 상태(**好**, 좋을 호, **樂**, 즐길 락)

걱정과 근심에 사로잡힌 상태(**憂**, 근심 우, **患**, 근심 환)

결국, 우리가 일상에서 가장 자주 휘말리는 감정인 분노와 두려움, 집착, 불안은 우리가 바른 마음으로부터 멀어지게 만든다.

화가 나 있을 때를 떠올려보면, 상황을 차분히 파악하기보다 감정이 먼저 앞서고 예민하고 날카롭게 반응한다. 두려움에 사로잡혀 있을 때도 마찬가지다. 시야가 좁아지고 지금 할 수 있는 최선의 선택보다 피해야 할 위험만 크게 보인다.

즐거움과 기쁨 역시 예외는 아니다. 무언가를 지나치게 좋아할 때, 마음은 그 대상에 붙들리고 다른 신호들은 잘 보이지 않는다. 1부 쾌락과 중독에서 잠시 살펴보았다. 걱정과 불안도 우리 마음을 과거와 미래로 끌고 가 지금 이 순간을 흐릿하게 만든다.

그래서 『대학』은 우리의 바른 마음이 무너진 상태를 이렇게 표현한다.

心不在焉(심부재언) 마음이 있지 않으면,
視而不見(시이불견) 보아도 보이지 않으며,
聽而不聞(청이불문) 들어도 들리지 않으며,
食而不知其味(식이부지기미) 먹어도 그 맛을 알지 못한다.

우리가 감정에 휘말리는 순간을 생각해보면, 우리는 눈앞의 상대나 상황을 제대로 보지 못하고, 상대의 말을 끝까지 제대로 듣지도 못하며, 몸이 보내는 신호조차 놓치곤 한다.

마음이 이미 다른 곳에 가 있기 때문이다.

이 지점에서 정심의 의미는 분명해진다. 감정을 없애 화내지 말고, 두려워하지 말고, 즐거워하지 말고, 걱정하지 말라는 뜻이 아니다.

감정을 경험하되, 그 감정이 마음의 중심을 점령하지 않도록 하는 것이다. 『감정이 태도가 되지 않게』라는 책 제목처럼, 감정이 우리 마음의 주인이 되지 않도록 주의해야 한다.

지금 여기에 벌어지는 현실을 왜곡 없이 바라볼 수 있도록 마음을 제자리에 두는 것이 중요하다. 이 점에서 오늘날 마음챙김이나 메타인지 개념과도 맞닿아 있다.

내가 지금 어떤 감정인지 알아차리고, 그 감정이 판단을 대신하지 않도록 한 걸음 물러서서 지금 이 순간을 바라보는 것이다.

결국, 우리 마음을 속이지 않고 온전히 나 자신을 기준으로 정성스럽게 뜻을 세우고, 그 마음이 흔들리지 않도록 중심을 잡는 것이 중요하다. 이 두 단계가 갖춰질 때에야 비로소 마음은 삶의 방향을 잃지 않을 수 있다.

4장 파사현정, 무엇을 비우고 무엇을 세워야 할까?

앞서 정성스러운 뜻과 바른 마음이 무엇인지에 대해 살펴보았다. 그렇다면 우리가 정성스러운 뜻과 바른 마음을 가지기 위해선 무엇을 해야 할까?

바른 마음을 갖기 위해 우리는 흔히 무엇을 해야 할지부터 떠올린다. 명상을 해야 할 것 같고, 좋은 책을 읽어야 할 것 같고, 마음에 좋은 말을 되뇌어야 할 것 같다. 마치 건강해지기 위해 보약을 챙겨 먹듯, 마음을 위해서도 뭔가 좋은 것을 더해야 한다고 생각한다.

물론 보약은 몸에 도움이 된다. 그러나 건강의 핵심은 보약 그 자체가 아니라, 평소 몸을 망가뜨리는 습관을 멈추는 데 있다. 라면과 과자를 계속 먹으면서 보약을 먹는다면 온전히 보약의 효과를 얻지 못할 것이다.

술과 담배를 끊지 않은 채 건강을 말할 수도 없다. 그렇기에 병원에서 약을 처방할 때도 가장 먼저 나오는 말이 "당분간 금주하세요."일지도 모른다.

마음도 이와 크게 다르지 않다. 우리는 매일같이 마음에 무언가를 들이붓고 있다. 끝없이 타인의 시선을 의식하게 만들며 비교를 부추기는 SNS, 즉각적인 쾌락을 주는 자극, 분노와 불안을 증폭시키는 생각, 스스로를 무력하게 만드는 자책들. 이들은 눈에 보이지는 않지만, 마음속에서는 분명한 독소로 작용한다.

이 상태에서 아무리 명상을 하고 책을 읽어도 효과는 오래가지 않는다. 마치 밤늦게까지 술을 마시면서 아침에만 디톡스 주스를 마시는 것과 같다.

그렇기에 바른 마음을 위해선 두 가지를 모두 고려해야 한다. 하나는 마음을 갉아먹고 있는 것을 알아차리고 멈추는 일, 다른 하나는 마음을 바른 방향으로 기르는 일이다.

고전에서는 이를 파사현정(破邪顯正)이라 불렀다. 삿되고 그른 것(邪, 간사할 사)을 깨뜨려 없애야(破, 깨뜨릴 파) 올바른 것(正, 바를 정)이 드러난다(顯, 나타날 현)는 뜻이다. 불교의 『삼론현의(三論玄義)』에서 나온 말이다.

여기서 중요한 것은 파사와 현정의 순서이다. 우리는 종종 이 순서를 뒤집는다. 바른 상태에 도달한 뒤에야 나쁜 것을 버릴 수 있을 거라 기대한다. 하지만 실제 삶에서는 그 반대다. 삿된 것이 그대로인 상태에서는 바름이 드러날 자리가 없다.

마음은 빈 공간이 아니다. 이미 수많은 생각과 감정, 신념과 두려움으로 가득 차 있다. 이 상태에서는 아무리 새로운 가르침이나 좋은 마음가짐을 가지려 하더라도 온전히 받아들일 수 없다.

예쁜 그림을 그리고 싶을 때 우리는 무엇을 가장 먼저 해야 할까? 어떤 그림을 그릴지를 결정하는 것, 그림을 그릴 재료를 준비하는 것 등 해야 할 일은 많지만, 가장 먼저 해야 할 일은 바로 흰 도화지를 준비하는 것이다.

기존의 낙서들이 그려진 도화지에는 아무리 좋은 기술을 들여도 원하는 그림을 얻을 수 없다. 잠시 반짝일 수는 있지만, 금세 본래의 모습으로 묻힌다.

그렇기에 바른 마음을 가지기 위해선 반드시 마음의 독소를 먼저 멈추는 것이 선행되어야 한다. 그렇다면 무엇을 버려야 할까? 잘못된 신념이나 외부의 독소뿐만 아니라, 오히려 일상 속에서 당연하게 여겨온 마음의 자동적인 반응들이 그 대상이 될 수 있다.

예를 들어, 다른 사람들과 비교하는 마음, 끊임없이 자신을 몰아붙이지 않으면 무가치해질거란 두려움, 불안을 느끼지 않으면 게을러질 것이라는 믿음 등이다.

겉보기에는 성장시키는 것처럼 보일 수 있지만, 실제로는 마음을 소모시키며 진짜 자신의 바른 마음을 돌아보지 못하게 만든다.

이처럼 독소를 하나씩 버리기 시작하면, 새로운 것을 억지로 채우지 않아도 마음이 조금씩 맑아진다. 이때 드러나는 것이 바로 '현정(顯正)'이다. 정심은 만들어지는 것이 아니라, 가려져 있던 것이 드러나는 것에 가깝다.

우리는 누구나 원래부터 온전히 꽃피워낼 수 있는 무수한 잠재력을 가지고 있다. 무엇이 옳은지, 무엇이 과한지, 어디까지가 나의 몫인지도 알고 있다. 다만 그 감각 위에 불안이나 비교, 조급함이 덧씌워져 있었을 뿐이다.

파사를 통해 종이 위의 낙서를 하나씩 지우다보면 바른 마음은 자연스럽게 모습을 드러낼 수 있다. 그렇기에 바른 마음은 훈련의 결과라기보다는 회복의 결과에 가깝다. 또한 한 번 도달한다고 해서 바른 마음을 유지할 수는 없다. 매일같이 파사와 현정을 반복하는 과정 속에서 잠시 드러났다 다시 흐려지는 마음의 상태다.

앞으로의 두 챕터에서는 각각 파사와 현정에 대해 심리학을 연결시켜보고자 한다. 우리가 바른 마음을 회복하기 위해서 먼저 어떤 마음을 줄여야 하는지, 그리고 어떤 마음을 되찾아야 할지를 살펴볼 것이다.

3부
마음을 가리는 것들

1장 끝없이 자신을 몰아붙이는 마음

"나 요즘 우울해."

우울은 한 가지 얼굴을 가지고 있지 않다. 어떤 사람은 하루 종일 축 처져 있다. 잠은 늘었는데도 피곤하고, 아침에 잠에서 깨었으나 이불 밖으로 나오기가 어려워 다시 눈을 감고 잠에 든다. 밥맛은 없고, 아무것도 하고 싶지 않아 무기력하다. 예전엔 당연히 하던 일들이 모두 버겁게 느껴진다. 몸이 먼저 꺼진 것 같은 상태다.

반대로 어떤 사람은 전혀 다른 증상을 보인다. 이유 없이 눈물이 쏟아지고, 지속적으로 기분이 가라앉는다. 마음은 불안으로 들끓고 생각은 걷잡을 수 없이 이어진다. 잠자리에 누워도 머릿속이 시끄러워 쉽게 잠들지 못한다. 몸은 지쳐 있는데 마음은 멈추질 않는다.

겉으로 보면 두 사람은 전혀 다른 상태에 있는 것 같다. 한 사람은 무기력하고, 다른 한 사람은 초조하다. 한 사람은 조용히 가라앉아 있고, 다른 한 사람은 감정이 넘쳐흐른다. 하지만 병원에서는 두 사람 모두 '우울'이라는 진단을 받을 수 있다.

우울은 이렇게 아주 다양한 모습으로 나타난다. 몸이 먼저 꺼지는 우울도 있고, 감정과 생각이 과열되는 우울도 있다. 짜증과 분노가 두드러질 수도 있고, 누군가는 긴장과 소진을 반복할 수 있다. 또 어떤 이는 감정적인 동요는 적지만 머릿속 생각만 계속 돌아갈 수도 있다.

그래서 우울은 종종 더 헷갈린다. 슬프기보다는 그냥 지쳐 있는데도 우울일까? 불안한데, 이게 정말 우울일까? 우울의 겉모습은 사람마다 다르다.

다만 공통으로 나타나는 패턴이 있다면, 우울한 기분이 일정 기간 이상 지속되고, 예전에 느끼던 흥미나 즐거움이 줄어든다는 점이다[18]. 삶이 전반적으로 덜 살아 있는 느낌이 된다.

하지만 여기서 한 걸음 더 들어가 보면, 우울은 단지 기분의 문제가 아니다. 감정만 가라앉아 있는 상태라면, 시간이 지나며 자연스럽게 회복될 수도 있을 것이다. 우울이 오래 지속되는 이유는 그 감정이 생각, 행동, 생활의 습관과 엮이기 때문이다.

기분이 가라앉으면 생각이 달라지고, 생각이 달라지면 행동이 줄어들고, 줄어든 행동은 다시 그 기분을 증명해 준다. 특히 중요한 것은 우울한 기분에서 빠져나오지 못하게 붙잡아 두는 사고 방식이다.

왜 어떤 생각들은 한 번 떠오르면 계속 반복될까. 왜 스스로를 향한 생각은 점점 더 가혹해질까. 왜 그만 생각하자고 마음먹을수록, 오히려 그 생각은 더 선명해질까.

이 장에서는 우울을 하나의 증상 목록으로 설명하지 않으려 한다. 대신, 우울이 어떻게 생각의 흐름 속에서 유지되고 증폭되는지, 그 사고의 메커니즘에 초점을 맞추려 한다. 우울은 감정으로 시작되지만, 우리가 우울에 오래 머물게 만드는 것은 바로 생각의 습관이기 때문이다.

사건이 아니라 해석이 마음을 만든다

우울할 때 떠오르는 생각들은, 우리가 의식적으로 하는 생각이 아니다. '이렇게 생각해봐야지' 하고 마음먹기 전에, 이미 우리의 머릿속에는 어떤 말들이 먼저 떠오른다.

인지치료의 창시자인 아론 벡(Aaron Beck)은 이 지점을 정확히 짚어냈다. 그는 우울한 사람들의 마음속에는 자동적으로 튀어나오는 생각, 즉 '자동적 사고(Automatic thought)'가 반복된다고 보았다[19].

자동적 사고는 빠르다. 너무 빨라서 의심할 틈이 없다. 그래서 우리는 그 생각을 생각이라기보다, 그냥 현실에 대한 냉정한 판단처럼 받아들이게 된다.

예를 들면 이런 식이다. 작은 실수가 생겼을 때, "이번엔 좀 아쉽

네"라는 생각보다 "또 실수했어. 역시 나는 뭘 해도 안 되는 사람인 것 같아"라는 문장이 먼저 튀어나온다. 누가 일부러 만든 문장은 아니다. 이미 익숙해질 대로 익숙해진 방식처럼 자동으로 흘러나온 말이다.

이때 중요한 것은, 우리를 괴롭히는 것이 사건 그 자체가 아니라 그 사건을 해석하는 방식이라는 점이다. 같은 일을 겪어도 어떤 사람은 '지나갈 일'로 넘기고, 어떤 사람은 '내가 문제라는 증거'로 받아들인다.

우울은 바로 이 해석의 방향에서 깊어진다. 부정적인 사건 그 자체가 우리에게 부정적인 감정을 만들어주지 않는다. 그 대신 부정적인 사건에 대해서 우리가 자동적인 사고를 통해 '부정적인 것'으로 라벨링을 할 때 우울이 시작될 수 있다.

우울한 상태에서는 특정한 사고의 패턴이 반복되기 쉽다. 생각은 극단으로 치우치고, 한쪽으로만 흘러간다. 조금만 부족해도 전부 실패처럼 느껴지고, 한 번의 좌절이 인생 전체의 결론처럼 확대된다. 타인의 반응은 쉽게 내 탓이 되고, 지금 느끼는 감정은 곧 사실처럼 여겨진다.

이런 사고 방식은 흔히 인지적 오류라고 불린다. 하지만 '오류'라는 말이 주는 인상과 달리, 이 생각들은 엉뚱하거나 비논리적이라서 생기는 것이 아니다. 오히려 너무 익숙해서, 검증되지 않은 채 그대로 통과되는 사고들이다.

이 자동적 사고들 아래에는 더 깊은 층이 자리 잡고 있다. 바로 세상과 자신을 바라보는 기본적인 기준, 즉 역기능적 신념이다.

'나는 잘 해야만 사랑받을 수 있다'

'실패하면 가치 없는 사람이 된다'

'약해 보이면 버려진다'

'역시 나는 능력이 없는 사람이다'

'이미 늦었다. 아무리 노력해도 앞으로도 별다를 건 없을 것이다'

이런 믿음은 평소에는 잘 드러나지 않지만, 우울한 감정이 올라오면 이런 신념들은 자동적 사고의 형태로 모습을 드러낸다. 그 생각들은 천천히 검토된 결론이라기보다, 어느새 자동으로 떠오른 말들에 가깝다. 마치 오래전에 설정해 둔 기본값처럼, 특정 상황에서 늘 같은 방식으로 작동한다.

그래서 우울할 때의 생각은 의지가 약해서 생기는 것도 아니고, 마음이 게을러서 나타나는 것도 아니다. 이미 익숙해진 인지의 작동 방식이자 '기본 세팅값'에 가깝다. 디폴트 모드인 것이다.

이 점을 이해하는 것이 중요하다. 우울한 생각을 하는 자신을 몰아붙이기 전에, 먼저 알아야 할 사실이 있다. 이 생각들은 결코 당신이 부족해서 생긴 것이 아니라, 우울한 마음이 작동할 때 자동으로 켜지는 사고의 회로라는 점을 인식해야 한다.

그리고 이 생각들이 한 번 떠오르고 끝나는 것이 아니라, 꼬리에 꼬리를 물며 계속 이어져 우리를 그 사건과 생각에 붙잡아 둔다.

부정적 생각이 멈추지 않는 이유

우울할 때 많은 사람들은 경험한 일들을 생각하고 곱씹어보며 문제 해결을 시도하곤 한다. 이유를 알아야 나아질 것이라 생각하며, 복잡한 생각을 정리하기 위해 계속 생각을 되새김질한다.

'반추(Rumination)'는 우울의 핵심 메커니즘 중 하나이다. 우울한 기분이나 그 원인, 의미를 반복적으로 분석하고 되새기는 사고 습관을 말한다[20]. 겉으로 보면 진지한 성찰처럼 보이지만, 실제로는 같은 질문을 같은 자리에서 계속 맴도는 생각이다.

하지만 슬프게도 이렇게 계속 생각하는 것이 우울을 회복으로 이끄는 경우는 많지 않다. 오히려 생각만 걷잡을 수 없이 늘어나고, 몸은 더 움직이지 않게 된다.

이 역설적인 현상을 가장 먼저 체계적으로 설명한 이론이 있다. 놀런 혹스마(Sunan Nolen-Hoeksema)는 우울을 단순한 기분의 문제가 아니라 기분에 대한 반응 방식의 문제로 보았고, '반응 양식 이론(Response Styles Theory)'을 제안했다[21]. 기분을 어떻게 대하는지에 따라 회복의 방향이 달라진다는 것이다.

사람들은 우울을 경험할 때 서로 다른 방식으로 반응한다. 어떤 사람은 기분이 가라앉았을 때 잠시 쉬거나, 주의를 다른 활동으로 돌리거나, 다른 사람을 만나면서 우울한 기분을 해소한다. 이런 반응들은 우울을 더 키우기보다 시간이 지나며 자연스럽게 가라앉게 만드는 쪽에 가깝다.

반면 어떤 사람들은 우울한 기분이 들기 시작하면 그 이유와 의미를 반복적으로 분석하고 곱씹는다. '왜 이런 기분이 들었을까', '어디서부터 잘못된 걸까?', '이 상태가 계속되면 어떡하지', '이건 나라는 사람의 문제 아닐까.' 이처럼 우울한 기분에 반추적으로 반응하는 양식이 있다.

놀런 혹스마의 연구가 보여준 핵심 결과는 분명하다. 반추적 반응 양식을 보이는 사람들은 자신의 우울한 기분이나 증상, 증상의 원인과 결과를 반복적으로 생각하고 그로부터 벗어나는 것을 어려워한다.

이렇게 분석하고 곱씹는 사람일수록 그 기분을 회복하기보다 우울에서 벗어나는 속도를 늦추어 우울한 상태에 더 오래 머무르게 된다. 회복 이후에도 다시 우울로 돌아올 가능성이 더 높았다.

반추는 겉으로 보면 기분을 이해하고 문제를 해결하기 위한 노력처럼 보이지만, 사실 문제와 함께 가라앉는 것에 가깝다. 생각은 계속되는데 행동은 정지된 상태가 된다.

우울을 오래 붙잡아 두는 것은 감정의 강도가 아니라, 감정에 대한 반응 방식일 수 있다. 기분이 가라앉을수록 생각은 더 많아지고, 생각이 많아질수록 기분은 더 무거워진다.

그렇다면 반추는 언제나 부정적인 결과만을 야기할까? 되새기는 습관을 가진 사람들이 모두가 더 나빠지지는 않기에, 우리는 반추

자체에 대해 좀 더 면밀히 들여다볼 필요가 있다.

이후 연구들은 반추가 하나의 단일한 사고 양식이 아니라, 서로 다른 종류로 구성된다는 점을 밝혀냈다. 놀런 혹스마와 웬디 트레이너(Wendy Treynor), 다른 동료 연구자들은 반추를 두 가지 유형으로 나누었다.[22]

하나는 '자책(Brooding)'이다. 이 유형의 반추는 자기비난과 비교를 중심으로 이루어진다. '왜 나는 이 모양일까', '다른 사람들은 다 잘하는데 왜 나만 이럴까.'

이런 부정적인 반추는 결핍에 초점이 맞춰져 있기에 우울을 악화시키는 방향으로 작동한다. 문제를 생각하기보다는 자기를 공격하고 비난하는 것에 가깝기에 마음을 회복하는 것도 어렵게 한다.

다른 하나는 '반성적 숙고(Reflective pondering)'다. 겉보기에는 반추지만 성격이 조금 다르다. '왜 이런 기분이 들었을까?', '다음에는 어떻게 다르게 할 수 있을까.' 이해와 해결을 향한 질문처럼 보이는 사고이다.

문제를 생각한다는 점에서 단기적으로는 우울을 높일 수 있지만, 장기적으로 볼 때에는 비교적 덜 해롭거나 중립적인 결과를 보이기도 한다.

모든 사건을 곱씹는 것 자체가 문제인 것은 아니다. 다만 우울 상태에서는 이 두 유형의 경계가 쉽게 흐려진다. 처음에는 이해하려는 생각이었는데, 어느 순간부터 자기비난의 고리로 미끄러진다.

이 지점에서 많은 사람들은 생각을 통제하지 못하는 자신에 대해서도 스스로를 탓하기 시작한다. '나는 왜 이렇게 부정적인 생각을 멈추지 못할까.' 하지만 최근 연구들은 반추가 단순한 성격 문제나 의지의 문제가 아니라는 점을 분명히 보여준다.

기존의 반추 연구들은 사람들이 부정적인 생각을 너무 많이 하며, '나는 무가치하다', '나는 항상 실패한다'와 같이 생각의 내용을 문제로 짚어왔다. 이에 대해 심리학자 주르만(Jutta Joormann)과 동료들은 우울의 핵심 문제는 생각의 내용이 아니라, 그 생각을 처리하고 다루는 인지 시스템의 작동 방식이라고 주장했다[23].

즉, 같은 부정적인 생각이 떠올라도 어떤 사람은 흘려보내고, 어떤 사람은 거기에 붙잡히게 되는 것이다. 이런 차이를 만드는 것은 의지나 성격의 문제도 아니고, 생각의 내용도 아니다. 주의나 기억, 억제 등의 작동 방식이 차이를 만들 수 있다.

이에 기반해서 주르만은 반추를 끊어내지 못한 채 지속하는 이유를 인지 조절의 실패라는 관점에서 설명한다. 크게 세 가지 인지 기능에 기반한다.

먼저, 우울 상태에서는 주의 전환이 어려워진다. 특히 부정적인 단어나 얼굴, 실패와 관련된 자극 등 부정적인 정보에서 시선을 떼지 못한 채 주의가 오래 고정되는 경향을 보였다.

한 번 부정적인 생각이 떠오르면 그로부터 주의가 빠져나오지 못하고 다른 자극으로 주의를 옮기기를 힘들어한다. '생각하지 말아야지' 하고 다짐해도 그 생각에 붙잡혀 계속 같은 생각으로 돌아가는 것이다.

둘째, 작업 기억 안에 부정적 정보가 고착된다. 작업기억이란 지금 내 머릿속에 정보를 유지하고 조작할 수 있는 공간이다. 정상적으로 작동할 때에는 불필요한 정보들은 필요를 다하면 지워지고 필요한 정보만 남게 된다. 하지만 우울한 사람들은 부정적인 정보가 작업기억에서 잘 제거되지 않는 경향을 보였다.

그 결과 이미 끝난 생각들이 쉽게 사라지지 않은 채 계속해서 머릿속에 남아 있고 새로운 생각으로 교체되지 않는다. 머릿속이 업데이트가 되지 않고 계속 반복 재생되는 것이다.

마지막으로, 억제 기능이 약해진다. 원치 않는 생각이나 반응을 의식적으로 밀어내어 차단하는 능력이 떨어진다. 부정적인 생각이 들었을 때 '그만 생각하자'하고 의지를 세워도 생각을 멈추지 못하는 것이다.

억제하려고 노력하지만 억제 신호가 잘 작동하지 않는다. 오히려 생각을 밀어내려 할수록 더 자주 떠오르게 된다.

이렇게 보면 반추는 단순히 생각을 많이 하는 습관이 아니다. 우울한 상태에서 주의와 기억, 억제 기능이 함께 흔들리며 만들어지는 하나의 인지적 패턴이다. 부정적인 생각에 붙잡혀 주의를 옮기지 못하고, 머릿속에는 그 생각이 계속 남아 있으며, 그 생각을 멈추지 못해서 발생하는 것이다.

그 결과 생각은 선택이 아니라 버튼이 고장난 오디오처럼 계속해서 자동 재생되게 된다. 자동화된 인지적인 루프인 것이다. 그렇기에 생각을 긍정적으로 바꾸자거나 덜 생각하려고 노력하는 것은 큰 도움이 되지 않을 수 있다. 게을러서 그런 것도, 의지가 약해서 그런 것도 아니다.

대신 숨을 크게 쉬고 주의를 다른 곳으로 돌려보는 것, 잠시 멈추어 보는 것이 도움이 될 수 있다.

부정적 생각이 내가 되는 순간

반추가 길어질수록, 생각의 초점은 조금씩 이동한다. 처음에는 사건을 향해 있던 질문이 어느새 자기 자신을 향하게 된다. '왜 이런 일이 생겼을까?'에서 '왜 나는 늘 이런 선택을 할까?'로, '무엇이 문제였을까?'에서 '내가 문제 아닐까?'로 바뀌게 된다.

이 전환은 아주 자연스럽게 일어난다. 반추는 질문을 늘리지만, 그 질문들이 향하는 방향은 점점 안쪽으로 좁아진다. 그리고 그 끝에는 늘 자기 자신이 놓인다.

이때 실패나 어려움은 더 이상 '상황'으로 남아 있지 않는다. 하나의 사건은 곧바로 나의 성격이나 능력, 존재 전체에 대한 평가로 번진다. '이번엔 잘 안 됐다'가 아니라 '나는 원래 이런 사람이다'가 된다.

특히 우울한 상태에서는 이런 해석이 강해진다. 심리학에서는 이를 '우울한 귀인 양식(Depressive attributional style)'이라고 부른다. 어떤 일이 잘못되었을 때, 그 원인을 내적인 요인으로 돌리고, 앞으로도 변하지 않을 것처럼 느끼며, 삶 전반의 문제로 확대하는 경향이다[24].

그래서 우울한 마음에서는 한 번의 실수가 나의 한계가 되고, 일시적인 어려움이 인생의 결론처럼 느껴진다. 그 과정에서 자기비난은 점점 더 단단해진다.

여기서 중요한 개념이 인지적 융합이다. '인지적 융합(Cognitive fusion)'이란, 생각을 하나의 해석이나 의견으로 보지 못하고 정체성에 대한 진술로 받아들이는 상태를 말한다[25].

'또 시험에 떨어졌다'라는 생각이 '나는 실패하는 사람이다'로 바뀌는 순간, '요즘 좀 우울하네'라는 감정이 '나는 원래 우울한 사람이다'가 되는 순간 생각과 나 사이의 거리는 사라진다.

생각을 하는 것 자체만으로 이미 내가 그런 사람이 된 것이다. 이때부터 생각은 반박의 대상이 아니라, 사실이 된다. 나의 정체성이 되는 것이다.

그래서 자기비난은 특히 빠져나오기 어렵다. 반추가 "왜?"라는 질문을 계속 늘려왔다면, 자기비난은 그 모든 질문에 하나의 답을 내려버린다.

"결국 문제는 나다."

결론은 단순하지만 강력하다. 더 이상 따져볼 필요도, 노력할 여지도 남겨두지 않는다. 문제가 '나'라면, 바꿀 수 있는 것은 아무것도 없다고 느껴지기 때문이다. 바른 마음을 회복하기는 더욱 어려워진다.

이처럼 반추와 자기비난이 계속될수록, 우리는 점점 더 좁아지게 된다. 무언가를 새롭게 도전해보는 대신, 생각 속에서만 상황을 정리하려 들고 실패할 가능성이 있는 선택은 미루게 된다.

행동이 줄어들면, 자연스럽게 삶에서 경험하는 것들도 줄어든다. 즐거움이나 성취감, 연결감 같은 감정들은 대부분 행동을 통해서만 들어오는데, 행동이 사라지면 그 자리를 우울이 대신 채운다.

활동이 줄어든 삶에서는 우울한 생각을 반박해 줄 경험이 거의 생기지 않는다. 그 결과, 우울한 생각은 '역시 나는 아무것도 못 해', '봐, 잘되는 게 하나도 없잖아.'처럼 스스로를 갉아먹는다.

삶의 반경이 좁아질수록, 우울은 마음속 문제가 아니라 삶 자체가 된다. 이 지점에서 우울은 감정에만 그치지 않고, 감정과 생각, 행동이 서로 영향을 미치는 악순환적인 구조가 된다.

우울한 감정이 올라오면 자동적인 생각이 먼저 떠오르고, 그 생각은 반추를 부르고, 반추는 자기비난과 함께 생각을 나의 문제로 굳혀버린다. 그 결과 행동은 줄어들고, 줄어든 삶은 다시 우울을 강화한다.

이 장에서 살펴본 것은 우울을 없애는 방법이 아니다. 대신 우울이 어떻게 우리를 붙잡는지, 그 구조를 하나씩 드러내 보았다. 우울은 이렇게 스스로를 유지하고 강화하기에, 의지만으로는 쉽게 빠져나오기가 어렵다. 그 결과 우리는 점차 바른 마음에서 멀어지게 된다.

왜 같은 감정이 더 오래 머무는지, 왜 생각은 멈추지 않는지, 왜 삶이 좁아지는지, 이 구조를 이해하는 것은 자기비난을 멈추기 위한 첫걸음이 된다.

내가 약해서 그렇다는 결론 대신, 나의 마음의 작동 방식에 대한 이해가 생길 수 있다. 그렇게 조금씩 생각에서 벗어나 삶과의 접촉을 점차 늘려갈 필요가 있다.

2장 괜찮은 척하다 소진되는 마음

우리는 언제부터 괜찮은 척을 하게 되었을까.

사회생활을 하면서, 혹은 상대와의 관계가 평화롭기 위해, 자신의 감정을 솔직하게 다루기보다 잠시 접어 두는 쪽을 택해왔다. 불편한 마음이 들어도 당장 표현하는 것이 그리 도움이 되지 않을 수 있다는 것을 안다.

그렇기에 적당히 구겨 마음속 서랍에 넣어둔다. 임시방편으로 일단 그 감정을 모른 척 한다. 당장은 무난하고, 당장은 문제가 없다.

처음에는 지금 이 순간만 넘기기 위한 임시방편이었을지도 모른다. 하지만 그런 선택이 반복되면 어느새 그 상태가 기본값이 된다. 힘들어도 괜찮다고 말하고, 서운해도 티를 내지 않고, 불편함을 느끼는 자신을 먼저 다독이기보다 그냥 괜찮다고 눌러두는 것이 익숙해진다.

그래서 낮 동안은 멀쩡하다. 해야 할 일을 하고, 웃을 때는 웃고, 역할에 맞게 행동한다. 적당히 잘 지내는 것처럼 보인다.

그런데 정말 괜찮은 걸까? 힘들었던 하루를 버티고 집에 돌아오면 이유 없이 예민해질 때가 많다. 사소한 말에 날이 서고, 별일 아닌 일에 쉽게 지친다.

누구에게도 화를 내지 않았던 하루의 끝에서, 가족과 같이 가장 가까운 사람, 혹은 그보다 가까운 자기 자신에게 나도 모르게 예민해져 가시 돋친 말이 튀어나온다. 상대의 잘못이 아님을 알면서도 가시는 더 뾰족해져 아프게 찌른다.

괜찮은 척, 무던한 척, 사소한 일에 일일이 상처받지 않는 척 하는 건 겉보기에는 성숙함처럼 보인다. 자신의 감정을 조절할 줄 아는 어른의 태도처럼 여겨지기도 한다.

그러나 그 괜찮음이 늘 감정을 다룰 여유에서 나온 것이 아니라면, 그것은 성숙함이 아니라 회피와 소진의 다른 이름일 수 있다. 이런 괜찮은 척은 계속해서 쌓여 대가를 치러야 한다.

느끼지 않기 위해 애쓰는 마음

괜찮은 척의 핵심에는 한 가지 공통된 전략이 있다. 바로 감정을 느끼지 않으려는 시도다. 불편한 감정이 올라오면 곧바로 눌러두고, 다른 생각으로 덮고, “이 정도는 괜찮아”라고 스스로를 설득한다.

'정서적 회피(Emotional avoidance)'란 불안이나 분노, 슬픔, 서운함 같은 감정을 느끼지 않으려 하거나, 느끼더라도 가능한 한 빨리 그 상태에서 벗어나려는 경향을 말한다[26]. 감정 자체가 잘못되었다기보다는, 그 감정을 경험하는 것 자체를 위협으로 인식하는 태도에 가깝다.

정서적 회피는 흔히 '감정 억제(emotional suppression)'와 혼동된다. 비슷해 보이지만, 작동 시점이 조금 다르다[27]. 정서적 회피는 감정이 충분히 느껴지기 전에 느끼지 않으려 회피하는 것이고, 감정 억제는 이미 느껴진 감정을 표정이나 말, 행동으로 드러내지 않으려 조절하는 것이다.

즉, 회피는 감정 경험 자체를 차단하려는 전략이고, 억제는 감정 표현을 통제하려는 전략이다. 다만 이 둘은 실제 삶에서 함께 나타나곤 한다. 감정을 느끼지 않으려 하다 보면, 느껴진 감정도 자연스럽게 억누르게 되는 것이다. 그렇기에 이론만큼이나 명확하게 구분되는 데에는 어려움이 있다.

정서적 회피와 억압은 종종 아주 합리적인 선택처럼 보인다. 감정을 느끼다 보면 일이 흐트러질 것 같고, 관계가 어긋날 것 같고, 오히려 더 힘들어질 것 같기 때문이다. 그래서 우리는 감정을 직면하기보다, 다른 일로 덮거나 생각을 돌리거나 스스로를 다그친다. '지금 이럴 때가 아니야', '괜히 예민해지지 말자' 같은 말들이 그 예다.

감정을 잘 조절하는 것 같지만 이 전략은 한계가 있다. 엄밀히 말하면 정서를 회피하거나 억압하는 것은 감정을 다루거나 없애주지 않고 감정을 지연시키는 방식에 가깝다. 감정 반응을 짧게 끊어내는 대신, 감정이 의식 위로 올라오는 시간을 늦추고 길게 늘리는 방식으로 작동하는 경우가 많다[28].

더 중요한 문제는 그 과정에서 감정을 이해하고 조절하는 연습의 기회를 빼앗는다는 점이다. 감정을 다루는 능력을 기르지 못한 채 감정을 피하는 것만 익히게 되면, 감정은 점점 다루기 어려운 존재가 된다. 그 결과 우리는 더 자주 괜찮은 척을 해야만 하는 상태에 놓인다.

정서적 회피가 단기적으로는 고통을 줄여주는 것처럼 보이지만, 장기적으로는 고통의 범위와 영향력을 확장시킨다[29]. 마치 물 속에서 공을 누르면 일시적으로는 표면 아래 유지되지만 더 큰 반동으로 더 높이 튀어오르는 것과 같다. 감정을 피하려는 노력이 많을수록, 감정은 더 자주, 더 강한 형태로 돌아오는 경향이 있었다.

실제로 수용전념치료와 관련된 많은 연구들은 정서적 회피가 불안과 우울을 지속시키고, 스트레스 반응을 만성화하며, 삶의 만족도 저하와 강하게 연관되어 있음을 보여준다[30]. 이는 감정을 느끼는 것 자체가 문제가 되기 때문이 아니라, 감정을 느끼지 않으려는 노력이 오히려 고통을 오래 붙잡아 두기 때문이다.

감정을 느끼는 것은 비교적 자동적인 반응이다. 그 감정을 느끼지 않으려 애쓰는 일은 지속적인 통제를 요구한다. 괜찮은 척을 유지하기 위해 우리는 마음속에서 끊임없이 무엇을 느끼고 있는지 감시하고, 그 감정을 눌러두거나 방향을 틀어야 한다. 이 과정은 생각보다 많은 에너지를 소모한다.

심리학 연구들은 이러한 과정을 '감정 억제의 비용(Emotional Suppression Cost)'이라는 개념으로 설명해왔다. 감정을 억제할수록, 우리의 몸과 뇌는 오히려 더 많은 일을 하게 된다[31].

겉으로는 차분해 보일지 몰라도, 내부에서는 긴장을 유지하고 반응을 억제하기 위한 추가적인 자원이 계속 투입된다. 감정을 누르는 데에는 보이지 않는 관리 비용이 붙는 셈이다.

그렇다면 이 비용은 어디에 쌓이게 될까. 감정을 억누르며 지불한 대가는 대체로 두 방향으로 모습을 드러낸다. 하나는 몸을 통해 나타나는 비용이고, 다른 하나는 관계 속에서 드러나는 비용이다.

감정 억제 비용 ① 몸으로 옮겨지는 신호들

이처럼 감정을 억제한다고 해서 몸까지 함께 쉬는 것은 아니다. 표현되지 않은 감정은 해소되지 않고 몸에 남는다. 겉으로는 차분해 보여도, 감정을 눌러두는 동안 우리의 생리적 각성은 완전히 꺼지지 않는다. 심박수와 긴장은 낮아지지 않고, 몸은 여전히 대응 중인 상태에 머문다.

실제로 연구에 따르면 혐오 감정이나 슬픔을 유발하는 영상을 시청한 뒤 한 집단은 자신이 느낀 감정에 따라 자연스럽게 반응하고 표현하도록 지시했고, 다른 집단은 감정의 표현을 억제하라고 지시했다[32].

그 결과 억제 집단의 경우 얼굴의 표정 자체는 감정을 누그러뜨릴 수 있었지만, 심박수나 혈압, 피부전도 반응은 증가되는 경향을 보였다. 즉, 겉보기에는 감정이 드러나지 않더라도 감정은 해소되지 않고 정서의 출구를 막아 몸의 부담만 더욱 커질 뿐이다.

이 과정에서 인지 자원도 함께 소모될 수 있다[33]. 감정을 누르기 위해 쓰이는 에너지는 기억력과 집중력, 판단력 같은 다른 정신적 기능의 수행을 막는다. 연구에서는 감정을 억제한 조건에서 일화기억이나 작업기억의 저하를 보였다[34]. 억제가 인지적인 자원을 지속적으로 소모하는 것이다.

그래서 괜찮은 척을 많이 한 날일수록 유난히 머리가 멍해지고, 사소한 실수가 늘어나며, 아무것도 하기 싫어지는 경우가 많다. 우리의 자원은 한정되어 있는데, 감정을 억누르느라 이미 많은 자원을 써버렸기 때문이다. 그러니 정작 써야 할 때 제대로 쓰지 못하는 문제 상황에 처하게 된다.

설명하기 어려운 피로감, 충분히 쉬었는데도 회복되지 않는 느낌, 이유 없이 예민해진 신경 상태로 나타난다. 잠을 자도 개운하지 않고, 특별한 원인이 없어 보이는데도 몸이 늘 뻐근하거나 머리가 무거운 날들이 이어지기도 한다.

이런 신호들은 대개 컨디션 문제나 체력 저하로만 해석되지만, 그 중 일부는 감정을 회피하고 억제한 결과로 나타나는 반응일 가능성도 있다. 해소하지 못한 마음에 대해 몸은 긴장으로 반응하고 표현한다.

몸의 신호를 무시한 채 계속 괜찮은 척을 유지하면, 긴장은 해소되지 못한 채 누적되고, 결국 더 큰 부담으로 돌아오게 된다.

감정 억제 비용 ② 관계에서 새어 나오는 대가

감정을 억누른 대가는 몸에서만 끝나지 않는다. 종종 관계 속에서, 그것도 가장 가까운 관계에서 더 또렷한 형태로 모습을 드러낸다[35].

하루를 떠올려보면 그렇다. 우리는 아침부터 저녁까지 역할에 맞는 얼굴을 하고 산다. 웃어야 할 때 웃고, 참고 넘어가야 할 말은 삼킨다. 끊임없이 자신을 조절한다. 불편한 감정이 올라와도 "지금은 아니야"라고 스스로를 다독이며 하루를 버틴다. 이런 감정 관리는 겉으로 드러나지 않지만, 생각보다 많은 에너지를 요구한다.

문제는 이 에너지가 무한하지 않다는 데 있다. 하루 종일 감정을 관리한 채 집에 돌아오면, 더 이상 같은 수준의 통제를 유지할 힘이 남아 있지 않다. 그래서 가장 안전한 공간에서, 가장 통제가 풀린 모습이 나온다.

말투가 조금 날카로워지고, 사소한 일에도 쉽게 짜증이 난다. 평소라면 넘겼을 말에 냉소가 섞이고, 마음에도 없는 가시 돋친 말이 불쑥 튀어나온다. 이런 모습을 떠올리며 우리는 종종 스스로를 탓한다. '왜 하필 집에서 이럴까', '왜 가족에게만 이럴까.'

심리학에서는 이를 '감정 노동의 전이(Emotional labor spillover)'로 설명한다. 밖에서 요구되는 감정을 표현하기 위해 실제 감정을 억제하고 조절하며 하루를 보내면, 해소되지 못한 긴장은 그 자리에서 끝나지 않는다[36]. 회복되지 못한 채, 삶의 다른 영역으로 이동한다.

그리고 그 도착지는 대개 가장 덜 위협적이고, 가장 안전하다고 느끼는 관계다. 아이러니하게도 마음을 털어놓고 위로받고 싶었던 대상, 가장 소중하고 가장 가까운 사람에게 그 긴장이 먼저 쏟아진다[37]. 참아왔던 감정이 화풀이처럼 흘러나오고, 예민함이 먼저 앞선다. 그러다 보면 원치 않았던 말이 오가고, 관계의 공기가 서서히 무거워진다.

사실 가장 많은 마음을 써야 하는 관계는 가족이다. 더 가깝고, 더 오래 가야 하고, 더 깊이 연결되어야 할 소중한 관계다. 그렇기에 사실 더 조심하고 더 노력해야 할지도 모른다.

그런데 밖에서 참고 또 참느라 지쳐 돌아온 우리는, 그 소중한 관계 앞에서 가장 먼저 무너진다. 의도적으로 상처를 주려 한 것은 아니지만, 감정을 관리하느라 다 써버린 사람의 지친 흔적에 가깝다.

그렇기에 이런 장면은 안타깝다. 밖에서 친절한 가면을 유지하며 감정을 억누르느라 모든 에너지를 다 써버리고, 집에 돌아와 소중한 이에게 상처를 준다. 감정을 억누른 대가는, 이렇게 원치 않는 방식으로 관계에 흔적을 남긴다.

어떤 경우에는 이 날카로움이 타인에게 향하지 않고 자기 자신에게로 돌아가기도 한다. 다른 사람에게는 끝까지 참고 버티면서, 혼자 있을 때 비로소 감정이 풀리는 방식이다. 하지만 그 풀림은 위로나 휴식이 아니라 자기 자신을 향한 몰아붙임과 자책의 형태를 띤다.

"다들 잘 버티는데, 나만 유난인 것 같아", "이 정도로 힘들어할 일이 아닌데", "왜 이것밖에 못 했지", "아까 좀 더 잘 처신했어야 했는데 한심해"

겉으로 보기에는 아무 문제 없어 보이지만, 내부에서는 나와의 관계 방향이 조금씩 어긋나고 있다. 타인과의 갈등을 피하는 대신, 그 갈등을 전부 자기 자신에게 떠넘기는 방식으로 관계를 유지하고 있기 때문이다.

이렇게 되면 '나'는 더 이상 보호받는 존재가 아니라, 관리해야 할 대상이 된다. 감정을 이해하고 돌보는 대상이 아니라, 통제하고 다그쳐야 할 대상으로 바뀐다. 마음은 쉬어도 되는 공간이 아니라, 끊임없이 점검받는 공간이 된다.

감정을 억누른 채 버텨온 사람은 그 감정을 품은 자기 자신까지 함께 밀어내게 된다. 그렇기에 괜찮은 척은 단지 감정을 숨기는 문제가 아니다. 서서히 나와의 관계를 왜곡시키는 방식이기도 하다. 감정을 느끼는 나를 문제로 여기기 시작하는 순간, 우리는 바른 마음에서 조금씩 멀어지고 있는지도 모른다.

3장 비교와 인정에 맡겨진 마음

중고등학교 때부터 우리는 대학에 진학하기 위해 애써왔다. 대학에 들어와서는 성적을 잘 받기 위해 애썼고, 영어와 각종 자격증, 대외활동 같은 스펙을 챙겨야 했다.

졸업이 가까워질 무렵에는 또다시 진로라는 이름의 불안 앞에 서게 되었고, 누군가는 취업을 준비하고, 누군가는 대학원 입학을 위해 다시 한 번 자신을 몰아붙였다.

하지만 대학원에 들어오고 나서도 상황은 크게 달라지지 않는다. 졸업을 해야 하고, 연구 성과를 내야 하고, 이후의 삶을 준비해야 한다. 이 긴 여정 끝에 극적인 쉼이 찾아오는 경우는 많지 않다.

이 과정에서 우리는 수없이 스스로를 채찍질해왔다. 정확히 무엇이 부족한지는 잘 모르겠지만, 어쨌든 지금의 자신은 아직 충분하지 않다는 감각만은 좀처럼 사라지지 않았다. 더 잘해야 할 것 같고, 더 갖춰야 할 것 같고, 멈추면 안 될 것 같았다.

문제는 단순히 기준이 높다는 데 있지 않았다. 오히려 더 큰 문제는 무엇을 하면 만족할 수 있을지가 끝내 명확해지지 않는다는 점이었다.

높은 기준을 갖는다는 것은 분명 성장을 향한 동기가 되기도 한다. 하지만 기준이 높은 사람이라고 해서 모두 같은 방식으로 지치지는 않는다. 같은 기준을 세워도 누군가는 그것을 도전으로 받아들이고, 누군가는 시작도 하기 전에 숨이 막힌다. 이 차이는 기준의 내용이 아니라, 그 기준의 출처에서 생기는 것일지 모른다.

우리가 지금 가지고 있는 해야 한다는 기준은 정말 내가 세운 것일까, 아니면 이미 누군가의 시선과 평가, 끝없는 비교 속에서 하나씩 주워 담은 것일까?

이 질문을 던지는 순간, 완벽주의와 비교는 더 이상 따로 떨어진 문제가 아니다. 우리는 단순히 더 잘하고 싶어서 애써온 것이 아니라, 다른 이들에게 어떻게 보일지를 먼저 걱정하며 자신을 관리하는 법을 배워왔는지도 모른다.

잘해야 한다는 생각이 마음을 잠식할 때

우리는 스스로에게 상당히 높은 기준을 부과하며 살아간다. 더 잘해야 하고, 더 준비되어 있어야 하며, 가능하면 실수하지 않는 편이

좋다는 믿음 속에서 하루를 보낸다.

이런 기준은 처음에는 분명 도움이 된다. 목표를 세우고, 노력을 지속하게 하며, 이전보다 나아지도록 이끈다.

완벽주의가 언제나 같은 얼굴을 하고 있는 것은 아니다. 심리학자 휴이트(Paul Hewitt)와 플렛(Gordon Flett)은 오래전에 완벽주의가 하나의 단일한 성향이 아니라 서로 다른 방향성을 가진 다차원적 개념임을 제시했다[38]. 단순히 기준이 높다는 말로는 부족하고 하위 유형으로 구분된다고 보았다.

이들이 구분한 중요한 차이는 이것이다. 어떤 사람은 높은 기준을 향해 나아가면서도, 기준에 미치지 못할 때 이를 하나의 경험으로 받아들인다.

목표는 분명 높지만, 그 목표에 도달하지 못했다고 해서 곧바로 자신의 가치를 의심하지는 않는다. 대신 아직 과정 중에 있기에 다시 시도할 수 있도록 준비한다. 이런 형태를 흔히 적응적 완벽주의라고 부른다.

반면 어떤 사람은 기준에 도달하지 못하는 순간, 그 실수나 실패를 단순한 시행착오가 아니라 곧바로 자기 결함으로 받아들인다. 그 결함이 타인에게 보일까 봐 끊임없이 자신을 검열하게 된다.

기준은 목표가 아니라 시험대가 되고, 성취는 자기 가치를 유지하기 위한 조건이 된다. 그 결과 늘 불안과 자기비난이 함께한다. 이를 부적응적 완벽주의라고 부른다.

여기서 핵심은 기준의 높이가 아니다. 진짜 문제는 기준에 도달하지 못했을 때 자신을 어떻게 대하는가다. 부적응적 완벽주의에서는 실수가 곧 '나는 부족한 사람'이라는 결론으로 이어진다. 성취는 자기 가치를 유지하기 위한 조건이 되고, 기준을 충족하지 못하는 순간 자존감은 쉽게 무너진다. 실패와 자기 가치를 분리하지 못하는 것이다.

반면 적응적 완벽주의는 노력의 결과와 자기 존재를 분리할 수 있다. 그렇기에 실패나 좌절을 똑같이 경험하더라도 자기 붕괴로 이어지지 않고 노력을 계속할 수 있다. 성장을 향한 노력을 지속할 수 있는 것이다.

이런 부적응적 완벽주의가 강해지면 오히려 이상한 역설이 나타난다[39]. 잘해야 한다는 생각이 강해질수록, 시작하는 것이 어려워지는 것이다. 해야 할 일은 분명한데 손이 쉽게 움직이지 않는다. 아직 준비가 부족한 것 같고, 이 상태로 시작하면 어설퍼 보일 것 같고, 괜히 평가받게 될 것 같은 두려움이 앞선다.

그래서 우리는 끝없이 해야 할 일을 미루게 된다. 단순히 의지가 약해서, 하기 싫어서 그런 것이 아니라, 부족해 보일 가능성을 피하기 위한 역설적인 전략에 가깝다.

이때 하루는 묘하게 소모된다. '빨리 해야 하는데', '이번에는 잘해야 할텐데' 걱정만 하다가 정작 시작하는 것을 미룬다. 굳세게 마음먹고 시작하더라도 무엇부터 해야 할지 헤매다 계획만 정리하다 하루가 끝난다. 그러다 마감이 다가와서야 불안에 떠밀리듯 일을 시작한다.

머릿속에서는 하루 종일 과제를 생각하고 있었지만, 머릿속의 걱정이 실제 행동으로 이어지지는 않는다. 그 결과 남는 것은 성취감이 아니라 피로다.

뭔가 하루 종일 손을 대긴 했는데 완성된 것은 없고, 정작 한 것도 없이 피곤하기만 한 것이다. 그리고 그 피로는 다시 자기 비난으로 이어진다. 나는 왜 이렇게 게으를까, 왜 이렇게 제대로 못할까.

부적응적 완벽주의의 또 다른 특징은, 아무리 해도 충분하지 않다는 감각이다. 앤드류 힐(Andrew Hill)과 동료들의 연구에 따르면, 이런 완벽주의를 가진 사람들은 목표를 달성한 직후에도 만족감이 회복되지 않는다[40].

잠깐의 안도감이 스칠 뿐, 기준은 곧바로 상향된다. 하나를 해내면 곧바로 다음 부족함이 눈에 들어온다. 그래서 이들은 늘 긴장 상태에 머문다. 쉬어도 쉬는 느낌이 들지 않고, 성취해도 편안해지지 않는다.

나 역시 대학 때 이런 경험을 많이 했다. 성적을 잘 받기 위해 열심히 노력해 좋은 성적을 받았다. 그 결과 만족할 수 있었을까? 처음에는 기뻤지만, 그 기쁨은 오래 가지 않았다.

오히려 그 성적을 잘 받는 건 기본값이 되었고, 성취에 대한 만족보다는 다행히 떨어지는 것은 면했다는 안도감이 컸다.

더 큰 문제는 여기서 끝나지 않았다. 성적 문제가 해결되니 이제는 영어가 눈에 들어왔다. 영어 공부를 하다 보면 책을 많이 읽으면서 깊이 생각하고 자신의 생각을 잘 정리하고 명확하게 표현하는 친구들이 보였다.

영어도 하고, 책도 읽으면서 시험 공부를 병행하려 애쓰다 보면, 이번에는 동아리 활동이나 수상 경력, 사회생활을 미리 준비하는 사람들이 멋있어 보였다.

그렇게 기준은 끊임없이 늘어났다. 성적도, 영어도, 독서도, 스펙도, 어느 하나만 잘해서는 부족한 것처럼 느껴졌다. 결국 나는 스스로에게 아직 모자라다고 혼내고만 있었던 것이다.

이건 노력이 부족해서 생기는 문제가 아니다. 오히려 기준이 스스로를 보호하지 않는 구조이기 때문에 생기는 문제다. 기준을 충족해도 마음이 안전해지지 않으니, 계속 더 잘해야만 한다는 압박 속에 머무르게 된다. 이때 완벽주의는 성취를 향한 전략이 아니라, 마음을 지치게 만드는 장벽이 된다.

그렇다면 이런 부적응적 완벽주의는 왜 생겨나는 걸까? 우리는 언제부터 이렇게까지 잘해야만 만족하게 되었을까. 우리가 스스로에게 들이대는 기준의 상당수는 처음부터 내 안에서 만들어진 것이라기보다, 밖에서 가져온 것에 가깝다.

무엇을 잘해야 하는지, 어느 정도여야 충분한지, 어디까지 가야 괜찮은 사람인지. 이런 질문에 대한 답은 대개 타인의 성과와 반응, 사회가 제시하는 기준 속에 있다.

우리는 그렇게 남들의 기준을 하나씩 참고하며 자신을 평가하는 법을 배워왔다. 잘한 순간보다, 어디가 부족한지를 먼저 확인하는 방식으로 우리 자신을 평가한다[41].

이 과정이 반복되면 마음속에는 하나의 방향이 굳어진다. 기준은 점점 외부에 놓이고, 나는 그 기준에 맞춰 스스로를 관리해야 하는 사람이 된다. 더 잘해야 하고, 더 준비되어 있어야 하며, 실수해서는 안 된다는 생각이 자연스럽게 따라온다.

그래서 부적응적 완벽주의는 단순히 기준이 높아서 생기는 문제가 아니다. 그것은 외부의 시선과 평가를 내 기준으로 삼게 되었을 때 나타나는 마음의 반응이다. 타인의 기준을 빌려 나를 재단하기 시작한 순간, 완벽주의는 선택이 아니라 생존 전략처럼 작동하기 시작한다.

외부에서 기준을 가져오게 될 때

비교 자체가 병리적인 것은 아니다. 내가 잘하고 있는지, 이 정도면 괜찮은지, 지금 방향이 맞는지, 어느 정도의 위치에 있는지를 혼자만의 기준으로 객관적으로 판단하기는 쉽지 않다.

그래서 우리는 타인을 참고하여 자신의 능력이나 의견, 가치를 평가한다[42]. 사회적 비교는 인간 마음의 기본 작동 방식에 가깝다.

문제는 비교 그 자체가 아니라, 비교가 어디까지 침투하는가다. 일시적인 참고 자료로 작동할 때는 방향을 잡아줄 수 있지만, 비교가 반복되면서 그 결과가 곧바로 나의 가치 판단으로 이어지기 시작하면 상황은 달라진다. 타인의 위치가 곧 나의 위치가 되고, 남들보다 앞섰는지 뒤처졌는지가 나를 설명하는 수준이 된다.

그 결과 비교는 단순히 참고할 수 있는 정보가 아니라 정체성의 기준이 된다.

비교의 대상에 따라 비교를 통해 얻는 효과가 달라질 수 있다. 나를 기준으로 볼 때 나보다 상위에 위치한 사람과 비교할 수도 있고, 나보다 아래에 위치한 사람과 비교할 수도 있다.

우리는 특히 한 방향의 비교에 더 자주 노출된다. 무스바일러(Thomas Mussweiler)의 연구에 따르면, 사람들은 자신보다 더 잘하는 대상과 비교하는 상향 비교를 주로 한다[43]. 상향 비교는 때로 목표를 분명하게 하고 노력의 방향을 잡아준다. 우리에게 자극을 주어 동기 부여가 될 수 있다는 점에서 긍정적인 효과를 가진다.

하지만 때로는 자기평가를 왜곡시키는 위험이 있다. 그 기준이 내 안에 없을 때, 비교는 더 이상 정보로 작동하지 않는다. 저 사람은 저기까지 갔구나라는 관찰이 아니라, 나는 아직 부족하다라는 정체성 판단으로 바뀐다.

비교의 대상이 나와 가깝거나, 빈번하게 마주치거나, 이상화될수록 자기 평가를 왜곡할 가능성은 더욱 커진다. 현실적인 참고점이 아니라, 나를 끊임없이 부족하게 만드는 기준으로 작동하는 것이다.

이때 마음속 질문도 바뀐다. 나는 지금 충분한가라는 질문 대신, 남들보다 뒤처진 건 아닐까라는 불안이 중심에 자리 잡는다. 이는 우리에게 성장과 발전을 향한 동기를 주기 보단 긴장을 높이는 역할을 한다.

조금만 쉬어도 불안해지고, 속도를 늦추는 순간 도태되는 것 같은 감각이 따라온다. 비교는 동기가 아니라 압박이자 부담이 된다.

이런 비교의 영향은 목표를 바라보는 방식에서도 분명하게 드러난다. 데시(Edward Deci)와 라이언(Richard Ryan)은 목표가 무엇을 향하고 있는지가 심리적 안녕에 큰 차이를 만든다고 설명했다[44].

돈이나 지위, 인정처럼 외적인 기준에 의존할수록 자율성과 안녕감은 낮아진다. 반대로 가치와 의미 같은 내적 기준에 기반할수록 삶은 더 안정적이고 지속 가능해진다.

사회적 비교는 우리가 가지고 있는 목표와 기준의 무게중심을 서서히 이동시킨다. 내가 중요하게 여기는 것이 무엇인가를 살피기 위해 내 스스로의 목소리를 들여다보기 보다, 타인의 위치에서 나는 어디쯤인가를 살피는 것이 더 중요해진다.

특히 현대 사회에서는 보여지는 삶이 일상화되면서 이런 외부 기준에 따른 변화가 더욱 가속된다[45]. SNS 속 삶은 대부분 결과 중심으로 편집되어 있다.

성공과 성취, 즐거운 순간은 선명하게 드러나지만, 그 이면에 있는 과정과 개인이 경험하는 무수한 흔들림이나 좌절은 잘 보이지 않는다. 개개인의 PD에 의해 통편집되는 것이다.

누군가는 이미 성과를 냈고, 누군가는 더 앞서 나가는 것처럼 보인다. 잠시 멈추는 것조차 불안해진다. 쉬고 있으면 도태되는 것 같고, 따라잡지 못하면 영영 뒤처질 것 같은 조급함이 마음을 채운다.

수많은 연구들이 이런 환경에서의 상향 비교가 자존감 하락을 직접적으로 예측한다는 것을 일관되게 밝혔다[46]. 우리는 SNS 속 편집된 결과만 보면서 타인의 가장 빛나는 일부와, 나 자신의 전체 과정을 비교한다. 다른 사람들은 모두 잘 살고 있다고 느껴지는데, 나의 삶은 한심해보인다. 이 비교는 애초에 공정할 수 없다.

우리는 사회적 비교를 멈추기 어렵다. 비교를 통해 나의 위치를 확인하고, 뒤처지지 않았다는 확신을 얻고 싶기 때문이다. 하지만 기준이 외부에 있는 한, 비교는 결코 끝나지 않는다.

언제나 나보다 더 앞선 사람이 있고, 언제나 더 잘한 사례가 나타난다. 마치 나의 학부 시절, 성적과 영어, 독서, 동아리 활동처럼 끝없는 목표들이 나를 압박했던 것처럼 말이다.

이렇게 사회적 비교가 삶의 중심에 자리 잡으면, 부적응적인 완벽주의로 이어질 위험이 높아진다. 남들과 비교해 뒤처지지 않기 위해서는 더 잘해야 하고, 더 준비되어 있어야 하며, 실수해서는 안 된다.

비교는 완벽주의를 낳고, 완벽주의는 다시 비교를 강화한다. 그 사이에서 나의 기준은 점점 흐려지고, 나의 감각은 점점 뒤로 밀려난다.

사회적 비교가 문제가 되는 지점은 바로 여기다. 비교가 나를 이해하는 도구가 아니라, 나를 규정하는 기준이 될 때. 그 순간 우리는 더 이상 내 삶을 살고 있는 사람이 아니라, 끊임없이 위치를 확인해야 하는 사람이 된다.

거짓 자아가 커질수록 진짜 나의 모습은 사라진다

높은 기준과 끊임없는 비교 속에 오래 머물다 보면, 마음속에는 하나의 믿음이 자리를 잡는다. 잘해야 괜찮다, 잘해야 사랑받을 수 있다는 믿음이다.

처음에는 이런 믿음이 우리 스스로를 더 노력하게 만들고, 더 나아지게 하는 것처럼 보인다. 하지만 서서히 우리의 자존감을 갉아먹는다.

그 결과 자존감은 더 이상 내 안에 머물지 않고 타인의 반응 같은 외부 지표에 매달리게 된다. 잘한 날에는 잠시 안심할 수 있지만, 그 안심은 오래가지 않는다. 다음 평가, 다음 비교, 다음 기준이 곧바로 따라오기 때문이다.

반대로 기대에 미치지 못한 날에는 마음이 크게 흔들린다. 일이 잘되지 않았다는 사실보다, 내가 괜찮지 않은 사람이 된 것 같은 감각이 먼저 밀려온다.

이렇게 자존감이 조건부가 되면, 실패는 단순한 경험으로 남지 않는다[47]. 한 번의 실수는 '이번에는 잘 안 됐어'로 끝나지 않고, '역시 나는 한심해'는 결론으로 이어진다.

결과가 곧 내 자신이자, 나의 정체성이 된다. 그렇기에 우리는 점차 작은 실패에도 과도하게 흔들리고, 타인의 평가에 유난히 민감해진다.

조건부 자존감의 가장 큰 특징은, 아무리 잘해도 마음이 안전해지지 않는다는 점이다. 성취는 자존감을 단단하게 만들기보다는, 오히려 더 취약하게 만든다. 잘해야만 괜찮아질 수 있다는 믿음은, 잘하지 못할 가능성 앞에서 늘 불안을 낳는다. 그래서 우리는 스스로를 몰아붙이고, 쉬는 것조차 죄책감으로 느끼게 된다.

우리의 삶은 점점 살아가는 것이 아니라 살아내는 것에 가까워진다. 나 자신을 기준삼아 내가 어떤 사람인지를 온전히 느끼기보다,

지금의 성과가 나를 설명해줄 것이라 생각한다. 그리고 성과를 통해 나를 끊임없이 증명해야 한다고 생각한다.

하지만 성과는 언제든 변하기에, 불안정한 성과 위에 쌓아 올린 자존감은, 그만큼 쉽게 흔들릴 수밖에 없다.

조건부 자존감 속에서 오래 살아가다 보면, 남에게 보여지는 나는 점점 더 또렷해지고, 내가 실제로 느끼는 나는 점점 작아진다. 무엇을 잘하고 있는지, 어떻게 보일지에는 민감해지지만, 정작 지금 내가 어떤 상태인지는 잘 알아차리지 못한다.

피곤해도 참아야 하고, 내키지 않아도 해야 하며, 쉬는 일에는 늘 죄책감이 따라붙는다. 힘들다는 신호를 보내는 몸과 마음의 감각은 나약한 소리하지 말라는 말로 덮인다.

이렇게 우리는 서서히 자신의 감정이나 생각, 피로나, 욕구를 무시하는 데 익숙해지고, 괜찮지 않은 상태를 괜찮은 척 넘기는 것이 일상이 된다.

겉으로는 유능해 보이고, 성실하며, 기대에 부응하는 모습으로 꾸준히 관리하지만, 이런 외적인 모습을 유지하는 데에는 막대한 에너지가 필요하다. 언제나 평가받을 준비를 해야 하고, 부족해 보일 틈을 허용하지 않아야 하기 때문이다.

이런 포장된 거짓 자아가 단단해질수록 그 속에 있는 진짜 나의 위치는 한 걸음 더 뒤로 밀려난다. 내가 무엇을 좋아하는지, 무엇이 나를 지치게 하는지, 어디까지가 내 한계인지를 살필 여유는 점점 사라진다.

아무리 애써도 마음은 쉽게 채워지지 않는다. 성취는 쌓이지만 안정은 쌓이지 않는다. 마치 밑 빠진 독에 물을 붓는 것처럼, 계속 노력하는데도 늘 부족한 느낌만 남는다.

이것이 자기 소외의 핵심이다. 외적인 기준을 만족시키느라, 정작 나와의 관계가 멀어지게 되는 것이다.

회복은 외부에서 시작되지 않는다

회복은 보여지는 나를 잘 관리하는 데서 시작되지 않는다. 더 효율적으로 비교하고, 더 전략적으로 증명하는 방식으로는 기존의 틀을 벗어날 수 없다.

비교와 증명의 틀 위에서는 자기 자비도, 심리적 유연성도, 삶의 의미도 제대로 작동하지 않는다. 마음을 돌보는 도구들은, 내가 그 도구를 활용할 수 있을 때에만 온전히 힘을 발휘할 수 있다.

여기서 필요한 것은 기준을 다시 내부로 가져오는 일이다. 영어, 성적, 스펙 또한 여전히 삶의 한 부분이지만 이들이 전부가 될 수는 없다.

그보다 지금 나에게 가장 중요한 것이 무엇인지, 내가 진짜 원하는 방향이 무엇인지를 스스로 묻는 일이 먼저다. 타인의 위치가 아니라, 나의 가치와 리듬을 기준으로 삶을 바라보는 연습이 필요하다.

모든 것을 동시에 잘하려 하기보다, 지금 하나를 선택하고 충분히 몰입하고 만끽하는 것, 그리고 그 과정에서 온전히 즐거움과 의미를 얻는 것, 이런 경험만이 성취감을 남긴다. 그리고 성취감은 다시 나를 지탱하는 힘이 된다.

따라서 'Best'에서 'Good enough'로 전환해보자. 모든 것을 다 잘해야 한다는 강박은 마음을 조급하게 만들고, 스스로를 끊임없이 비난하게 한다.

그 대신 최선을 다한 뒤에 '이만하면 충분하다'고 말해줄 수 있는 마음은, 나를 소진시키지 않고 다음을 준비하도록 도울 것이다.

외부의 인정은 쉽게 흔들리며 사라지기 쉽다. 내 스스로 나에 대한 인정이 있어야 비로소 바른 마음이 자랄 수 있다. 증명하지 않아도 괜찮고, 비교하지 않아도 괜찮은, 온전히 내 존재의 가치를 느끼는 것, 바른 마음의 회복은 바로 이때 시작될 수 있다.

4장 미래를 저당 잡힌 마음

하루는 분명 바쁘게 흘러간다. 해야 할 일도 많고, 실제로 오늘 하루 동안 처리한 일도 많다. 그럼에도 하루가 끝날 무렵 '오늘 뭐했지?' 하고 돌아보면 뭘 했는지 모르겠을 때가 많다. 오늘 하루뿐만이 아니라 이번 한 주, 한 달도 마찬가지다.

하루하루 해야 할 일들을 열심히 처리한다고 애썼지만, 정작 중요하다고 생각했던 일은 손도 대지 못했거나, 하다말다 하느라 흐지부지된 경우가 많다. 공허함만 남는다.

그 결과 자책을 하게 된다. 나는 왜 이렇게 집중을 못할까? 남들은 다 해내는데 왜 나만 이럴까? 멀티테스킹을 못하는 걸까? 산만함은 어느새 나의 결함처럼 느껴지고, 스스로를 몰아붙인다.

하지만 이런 마음의 상태는 단순한 집중력 부족과는 다르다. 자세히 생각해보면, 아무 것도 안하지 않았다. 아침에 출근해서 저녁까지 연구실에서 바쁘게 생활했다. 대학원생으로서 수업 듣고 과제하고, 연구 프로젝트도 해야 하고, 데이터를 분석해서 논문도 써야 하고, 지금처럼 책도 써야 했다. 또 이제는 서른이 넘어 진짜 살기 위해 운동도 해야 할 것 같고, 주변 정리도, 관계도 잘 챙기고 싶다.

그렇기에 이것저것 손을 뻗는다. 이러한 목표 자체는 결코 문제가 되지 않는다. 다만 무엇 하나 끝까지 가지 못한 것은 문제가 될 수 있다.

나의 공허함은 아무것도 하지 않은 하루를 보냈기 때문이 아니라, 많은 일들을 시작만 하고 끝을 내지 않았기 때문에 비롯되었을 수 있다. 중요한 일을 하려다 말고 다른 일로 옮겨가고, 그 일도 잠시 하다 다시 더 쉬워 보이는 무언가로 옮겨간다.

이렇게 주의는 계속 이동하고, 삶은 자꾸 중단된다. 그 결과, 남는 것은 성취감이 아니라 피로감이다. 끝까지 완주하여 성취한 기억이 없으니 자신감도 쌓이지 않는다. '하루 종일 바빴는데, 왜 아무것도 이룬 게 없을까?'하는 공허감만 느끼게 되는 것이다.

이 상태는 결코 게으름의 문제가 아니다. 게으른 것이 아니라, 끝까지 갈 수 있는 마음의 통로가 자꾸 끊어지고 있는 상태에 가깝다. 아무것도 하지 않으려는 게 아니라, 오히려 너무 많은 가능성 앞에서 어느 하나를 끝까지 지켜내지 못하게 되는 것이 우리의 바른 마음을 흔들리게 하는 것일지 모른다.

산만함은 '차단 실패'다

산만함에 대해서 우리는 흔히 집중력의 문제를 떠올린다. 하지만 조금만 더 들여다보면, 이 상태의 핵심은 집중을 못 한다는 데 있기보다 중요한 일을 끝까지 해내지 못한다는 데 있다.

하나의 중요한 목표를 끝까지 이뤄내기 위해서는, 그 목표와 경쟁하는 다른 선택지들을 잠시 뒤로 밀어내야 한다. 지금 당장 눈앞에 떠오르지만 덜 중요한 일들, 조금 더 쉽고 편안해 보이는 가능성들을 의식적으로 닫아두는 것이다.

심리학에서는 이 과정을 '목표 차폐(Goal shielding)'라고 부른다[48]. 목표 달성을 위해 그 목표가 되는 일을 열심히 붙잡고 그에 집중하는 것도 물론 중요하지만, 이 목표를 방해하는 다른 가능성들을 잠시 닫아둘 수 있는 힘도 필요한 것이다.

문제는 이 차폐가 언제든 실패할 수 있다는 점이다. 산만함은 바로 이 실패가 겉으로 드러난 모습이다.

예를 들어 책을 쓰는 장기적인 목표를 가지고 있다고 생각해보자. 처음에는 열심히 하려는 의욕이 있지만, 몇 문장 쓰다보니 막히게 된다. 문장을 계속 썼다 지웠다 하면서 금새 지루해진다.

이 순간 유튜브를 보고 싶다는 마음이 들고, 카톡 알림이 신경쓰인다. 혹은 이렇게 한 문장도 못쓰고 앉아만 있을 바에야 차라리 지저분한 책상을 치우거나 밀린 빨래를 해두는 게 더 생산적이지 않을까 하는 생각이 든다.

이때 우리가 선택하는 딴짓은 반드시 쾌락적인 행동일 필요는 없다. 게임이나 유튜브처럼 명시적으로 쾌락적인 딴짓을 하기도 하지만, 사실 시험 기간에는 청소하는 것조차 재밌다.

청소나 정리처럼 그럴듯하고 생산적으로 보이는 행동들 역시 사실은 죄책감을 덜어주면서 미래의 부담을 잠시 잊게 해주는 회피의 역할을 한다.

하지만 그 순간, 글쓰기라는 중요한 목표를 보호하던 차단막은 무너진다. 주의는 다른 곳으로 옮겨가고, 하루가 끝났을 때 남는 것은 한 챕터의 작성이 아니라, 또 하나의 미완성된 페이지다. 그러니 뭔가를 하면서 마음 바쁘게 하루를 보냈음에도, 성취감은 남지 않는다.

동기와 자기조절을 연구한 심리학자 피시바흐(Ayelet Fishbach)는 상위 목표에 대한 몰입이 약해질수록, 사람들은 더 쉽고 즉각적인 대체 행동으로 이동한다는 점을 보여주었다[49]. 중요한 목표가 보호되지 못할 때, 주의가 흩어지는 것은 자연스러운 결과다.

그렇기에 산만함은 우연이나 기질의 문제로만 탓할 일이 아니다. 어쩌면 내 삶에서 중요한 목표를 지켜주는 차단막이 무너지고 있다는 신호일지도 모른다. 목표를 방해하는 다른 요인들을 차단하지 못하는 것이다. 그러면 도대체 왜 차단막이 이렇게 쉽게 뚫려버리는 걸까?

미래를 팔아 현재를 사는 마음

이 질문에 답해주는 개념이 바로 '과도한 미래가치 폄하 효과(hyperbolic discounting)'이다[50]. 이는 사람들이 미래의 보상을 평가할 때 보이는 대표적인 인지적 경향이다.

심리학에서는 사람들이 미래의 보상을 어떻게 평가하는지를 오래전부터 연구해왔다. 사람의 마음은 미래의 보상이 멀어질수록, 그 가치를 실제보다 훨씬 빠르게 깎아버린다. 그래서 먼 미래의 큰 보상보다 지금 당장, 가까운 시일 내에 받을 수 있는 작은 보상을 더 크고 확실하게 느껴 이를 선호하게 된다.

밸런스 게임을 해보자. A와 B 둘 중 하나를 선택해야 한다.

A : 1년 후에 100만원 받기

B : 지금 50만원 받기

보상 자체는 A가 절대적으로 크다. 하지만 A는 보상을 받기 위해 1년이라는 시간을 기다려야 한다.

반면 B를 선택할 경우 비록 보상의 정도는 적어졌을지 몰라도 기다릴 필요가 없다. 그 결과, 체감되는 보상의 크기는 A와 B가 유사해지는 것이다.

이는 단순한 변덕이 아니라, 뇌에서 나타나는 일종의 계산 오류에 가깝다. 보상의 가치는 절대적이지 않으며, 시간이 멀어질수록 보상의 가치가 직선적으로 줄어드는 것도 아니다. 오히려 초반에 급격하게 깎여버린다.

그 결과 미래는 항상 실제보다 작고 흐릿하게 보인다. 만약 지금 당장 받는 게 아니라 3달을 기다려야 했다면, 우리는 지금보다 좀 더 오래 고민했을지도 모른다. 3달이든, 1년이든 어차피 기다림의 시간이 있기 때문이다.

이러한 경향은 행동경제학자 에인슬리(George Ainslie)의 연구에서 잘 드러난다[51]. 사람들은 이성적으로 평가한다고 생각하지만, 실제 선택의 순간에는 미래의 보상보다 현재의 만족을 훨씬 더 크게 반영한다. 머리로는 미래의 보상이 훨씬 더 크고 이득이 된다는 것을 알지만, 행동에서는 현재에 끌려가게 된다.

다만 과도한 미래가치 폄하 효과는 인간에게서 나타나는 보편적인 인지 편향에 가깝다. 이 자체가 그렇게 큰 문제가 되지는 않는다. 그렇다면 이것이 바른 마음과 어떤 관련이 있는 걸까?

<유퀴즈>에서 체중감량이나 다이어트로 고민하는 사람들에게 한마디 해달라는 질문에 대해, 식욕을 연구하는 최형진 교수는 다음과 같이 답했다.

"여러분, 여러분들은 이미 알고 있습니다."

우리는 모두 건강이나 장기적인 성취, 공부가 중요하다는 것을 알고 있다. 지금 이 간식을 먹지 않으면 목표로 하는 체중감량에 성공할 수 있을 것이고, 지금 이 1문제를 더 풀면 몇 개월 후의 시험에 합격률이 올라갈 수 있다는 걸 이미 잘 안다. 하지만 이들은 너무 멀고 추상적이다.

반면 유튜브나 게임, 휴식, 잡무는 지금 이 순간 바로 손에 잡히는 보상이다. 큰 노력을 들이지 않아도 지금 당장 손쉽게 얻을 수 있다. 이 차이 앞에서 뇌는 종종 미래의 큰 보상보다 지금의 작은 보상이 더 확실하고 안전하다고 판단하게 된다.

문제는 한 번의 선택 자체가 아니다. 그보다 더 근본적인 문제는 이러한 편향이 반복되면서 하루하루의 삶을 움직이는 기본 원리가 될 때 생긴다. 장기적으로 분명 더 큰 이익을 주는 건강한 행동보다 지금 당장 확실한 만족을 주는 유혹이 늘 우선권을 갖게 되면 우리는 조금씩 미래를 선택지에서 밀어내게 된다.

그 순간 바른 마음은 흔들리게 된다. 지금의 편안함이 늘 미래의 가치를 이기게 되면 삶은 점점 단기적인 만족의 연쇄로 쪼개지고 삶에서 중요한 목표로 이어지지 못한다. 그럴수록 점차 미래를 고려할 수 있는 힘 자체가 약해지게 된다.

미래가 약해질수록 차단은 어려워진다

과도한 미래가치 폄하 효과로 인해 지금 당장의 보상이 실제보다 크게 느껴질수록, 중요한 목표를 보호하던 차단막은 점점 약해진다. 현재의 유혹이 너무 커 보이기 때문에, 다른 선택지를 밀어낼 충분한 이유가 사라지는 것이다.

그 결과 우리는 중요한 목표를 지키지 못하고, 자꾸 딴 짓을 하며 더 쉽고 덜 고통스러운 행동으로 이동하게 된다. 산만한 마음의 더 큰 문제는 시간을 낭비한다는 데 있지 않다.

중요한 목표를 끝까지 가본 경험이 줄어들면 단순히 산만했던 오늘의 행동이나 상황에서 원인을 찾기보다, '왜 늘 이 모양인지, 왜 남들처럼 집중하지 못하는지' 곱씹으며 자신을 비난하게 된다.

점점 스스로를 신뢰하지 못하게 된다. 시작은 많은데 끝까지 완주한 경험이 없을수록, '나는 결국 해내지 못하는 사람'이라는 인상이 마음속에 쌓인다. 자기 효능감이 낮아지게 된다.

그 과정에서 완성하지 못한 불편함을 덮기 위해, 종종 새로운 목표를 세운다. 하지만 목표가 늘어날수록 에너지는 더욱 분산된다. 뭔가를 계속해서 시작하고 하루하루는 더 바빠지지만 완성은 오히려 멀어지고, 미완성된 목표만 쌓이게 된다.

먼 미래의 보상보다 지금 당장 손쉽게 얻을 수 있는 즐거움이 더 크게 다가오는 것은 인간의 본성이다. 유혹에 흔들리는 것이 목표를 위해 불편함을 견디는 것보다 훨씬 쉽다. 이 충동 자체를 완전히 없앨 수는 없을 것이다.

다만 이 편향이 너무 자동적으로 작동해 매번 단기적인 보상만을 선택하도록 삶을 밀어 넣지 않도록 잠시 멈추는 것이 필요하다. 미래의 내가 계속해서 현재의 나에게 밀려나는 상태를 인식해야 한다. '내일의 나에게 맡긴다!'하면서 놀러가는 오늘의 나를 잠시 붙들어 보자.

잠시 멈춰, 이 선택에서 누가 배제되고 있는지를 인식해야 한다. 지금 편안함을 택하는 동안 미래의 나는 또 한 번 고통받게 되지는 않을지 묻는 것이다. 지금 당장의 충동에 흔들릴 때, 미래를 조금 더 크게 볼 수 있는 여지를 의식적으로 생각하는 것이 도움이 될 수 있다.

바른 마음이란 현재의 나만이 아니라 미래의 나까지 함께 고려하는 상태다. 그 두 사람이 하나의 장기적인 목표를 공유하고, 그 목표를 끝까지 지켜내기 위해 노력하는 상태이기도 하다.

5장 한계에 부딪혀 소진된 몸과 마음

아침에 눈이 떠지지 않는다. 알람이 여러 번 지나간 후 간신히 눈을 떴으나 자리에서 일어나기가 어렵다. 자리에서 일어나더라도 씻으러 화장실까지 가는 거리가 너무 멀게만 느껴진다.

충분히 잤는데도 피로가 가시지 않는다. 하루를 시작할 때부터 이미 지쳐 있다. 사소한 소음에도 신경이 곤두서 예민해지고, 집중은 오래 가지 않는다. 방금 읽은 문장이 머릿속에 남지 않고, 익숙하던 이름이나 단어가 쉽게 떠오르지 않는다.

해야 한다는 사실은 분명히 아는데, 그 사실이 더 이상 에너지로 이어지지 않는다. 감정이 따라오지 않고, 몸도 느리게 움직인다.

이런 상태를 경험해본 적 있을까? 요즘들어 조금 피곤하다거나 의욕이 없다는 말로 넘어갔을 수 있다. 많은 경우 아무것도 하고 싶지 않다는 마음보다는, 무엇을 해도 제대로 해낼 수 없을 것 같은 무력감에 가깝다.

쉬면 나아질 것 같아 쉬어보지만, 휴식은 회복으로 이어지지 않는다. 여전히 해야 할 일들을 마음 속에서 세고 있기 때문에, 쉬고 있다는 사실조차 마음을 편안하게 만들지 못한다.

이것은 갑작스러운 붕괴가 아니다. 어느 날 갑자기 무너진 것이 아니라, 조금씩 균열이 쌓여온 결과다. 앞선 장에서 다뤘던 반추, 완벽주의, 감정 억제, 끊임없는 자기 몰아붙이기는 흔히 '열정'이나 '책임감'이라는 이름으로 포장된다.

우리는 이를 성실함이라 믿었고, 성장할 것이라 기대했다. 몸이 보내는 피로의 신호, 마음이 보내는 과부하의 경고는 또 나약한 소리 한다며 무시하곤 했다.

그러나 버티는 마음에는 한계가 있다. 이 장은 그 한계에 도달했을 때 나타나는 몸과 마음을 다룬다. 계속해서 참아온 사람에게, 몸이 어떤 방식으로 신호를 보내는지, 그리고 그 신호를 무시한 채 마음만 다잡으려 할 때 어떤 상태에 이르게 되는지를 살펴보고자 한다.

적응의 이름으로 쌓인 피로

우리 몸 안에는 꽤 고집센 조절 장치가 하나 있다. 체온은 36.5도근처, 혈당은 일정 범위 안, 심박수와 호흡도 큰 변동 없이 유지하려고 애쓴다. 외부 환경이 조금 달라져도, 몸은 어떻게든 이 기준으로 돌아가려 한다. 이것이 '항상성(Homeostasis)'이다.

항상성은 말하자면 희망 온도가 설정된 에어컨과 같다. 실내 온도를 24도로 맞춰두면, 더워질 때는 냉방을 돌리고, 서늘해지면 작동을 멈춘다. 우리 몸이 항상성을 가지는 덕분에 우리는 계절이 변해도 몸의 무리 없이 36.5도를 유지하며 살아갈 수 있다.

중요한 것은 어떤 일이 있어도 우리 몸이 특정한 기준점(set point)을 지키려 한다는 점이다. 외부가 춥든 덥든, 긴장이 있든 없든, 가능한 한 비슷한 상태를 유지하려는 성향을 가진다.

하지만 우리의 삶이 그렇게 예측 가능하고 평온하지 않다는 문제가 있다. 이에 따라 우리 몸은 갑작스러운 위기, 반복되는 마감, 예측할 수 없는 갈등 앞에서 언제나 기존의 상태로 돌아가기를 고집할 수 없다. 이에 따라 우리 몸은 항상성 외 또 다른 체계를 하나 활용하는 데, 바로 알로스테시스다.

항상성이 무슨 일이 있어도 기존의 고정 상태를 지키는 것을 원칙으로 한다면, 알로스테시스는 보다 현실적이다. 만약 자신이 처한 상황 상 당장 기존의 상태로 돌아갈 수 없다면, 살아남기 위해 기준을 바꾸는 것이다.

'알로스테시스(Allostasis)'는 변화를 통해 몸의 안정을 유지하고

자 한다[52]. 위기 상황에 맞춰 몸의 기준 자체를 일시적으로 재설정하는 능력이다.

예를 들어, 평소 심박수가 70인 사람도 전력 질주를 할 때는 150까지 올라가야 한다. 이때 만약 우리 몸이 항상성만 고집하며 무조건 70까지 내리려 한다면 오히려 위험해질 수 있다. 그렇기에 비상 상황에서 잠시 심박수의 기준값을 새롭게 150으로 조정하게 된다.

우리의 삶은 늘 안정적인 환경이 아니다. 경쟁이나 평가, 마감, 관계의 긴장은 예외적인 사건이 아니라 일상에 가깝다. 이때 우리 몸이 매번 특정한 고정된 값으로 돌아가려고만 한다면 오히려 위험해질 수 있다.

그래서 시험 기간에는 스트레스 호르몬 기준이 상승하고, 육아 시기에는 수면의 기준이 하향한다. 위기 상황에서는 긴장 상태를 상시화해서, 심박수와 혈압을 높이고, 근육에 더 많은 에너지를 공급하면서 상황에 적합하게 조정한다.

이는 항상성을 잃은 이상 반응이 아니라 적응 반응이다.

알로스테시스의 중요한 특징은, 몸이 단순히 이미 닥친 현재의 상황에만 맞춰서 반응하는 것이 아니라 다가올 미래의 상황까지 예측해 미리 준비한다는 점이다. 내일 중요한 발표가 있다는 사실만으로도 오늘 밤 잠이 얕아지고, 아침부터 몸이 긴장 상태에 들어가는 이유가 여기에 있다.

아직 위기가 오지 않았는데도 몸은 이미 대비를 시작하는 것이다. 단순히 항상성을 잃고 고장 난 뒤에 시스템을 복구하는 것이 아니라, 미리 앞을 내다보며 스스로를 조정하는 시스템이다. 이런 선제적 조정 덕분에 우리는 중요한 순간에 집중하고 버틸 수 있다.

문제는 이런 스트레스 적응의 과정이 너무 자주, 그리고 너무 오래 작동할 때 생긴다. 비상 모드는 원래 위기 상황에서 잠시 켜졌다가 위기가 지나가면 꺼져야 한다. 긴장은 풀리고, 각성은 낮아지고, 에너지는 회복되는 방향으로 움직여야 한다. 알로스테시스에는 항상 복귀가 전제되어 있다.

그러나 우리 마음은 그 복귀를 허용하지 않는다. 긴장이 풀릴 틈 없이 다음 일을 시작하고, 한 고비를 넘기면 또 다른 고비가 기다린다.

스트레스는 지속되고, 반추는 뇌를 쉬지 못하게 하고, 완벽주의는 긴장을 낮추지 못하게 하며, 감정 억제는 회복의 출구를 막는다. 여전히 몸은 비상 모드를 유지하게 된다. 그렇게 알로스테시스는 일시적 적응이 아니라 끝나지 않는 상시 상태가 된다.

비상 모드가 계속 켜져 있으면, 몸은 에너지를 빠르게 끌어다 쓰는 방식으로 작동한다. 일시적으로는 버틸 수 있지만, 지속될 경우에는 몸에 문제가 쌓이게 된다.

이렇게 적응이 반복되며 누적되는 마모를 '알로스타 부하(Allostatic Load)'라고 한다[53]. 균형을 맞추기 위한 조정이 반복될수록, 그 비용은 누적된다. 몸이 계속해서 비상벨을 울리게 되는 이유는, 이미 너무 오래 정상으로 돌아오지 못했기 때문이다.

알로스타 부하는 스트레스에 잘 적응한 결과 생기는 문제다. 흔히 스트레스가 많아서 몸이 망가진다고 생각하지만, 정확히 말하면 스트레스 반응을 너무 오래, 너무 자주 사용한 대가다.

알로스타 부하가 쌓이면, 몸은 점점 미세한 신호부터 무너지기 시작한다[54]. 잠을 자도 깊이 쉬지 못하고, 사소한 자극에도 신경이 곤두선다. 감정 조절이 어려워지고, 집중력은 떨어진다. 이전에는 대수롭지 않게 넘기던 일들이 과하게 부담스럽게 느껴진다.

이는 마음이 약해진 것이 아니라, 조절 자원이 이미 고갈되고 있다는 신호다.

중요한 점은, 알로스타 부하가 쌓이는 과정이 매우 조용하다는 것이다. 큰 사건 하나로 무너지는 것이 아니라, 이 정도는 괜찮다는 생각이 반복되며 서서히 누적된다.

이 상태가 길어질수록, 몸은 점점 더 많은 에너지를 들여 같은 수준의 기능을 유지해야 한다. 효율은 떨어지고, 회복은 늦어진다. 그리고 어느 순간, 더 이상 조정할 여력이 남아 있지 않은 지점에 도달한다.

회복 없이 버텨온 결과

번아웃(Burnout)은 흔히 너무 열심히 일해서 생기는 문제라고 설명된다. 하지만 보다 정확히 말하면, 번아웃은 너무 오래 회복하지 못한 결과다. 노력 그 자체가 문제라기보다, 긴장과 각성 이후에 다시 내려오는 과정이 반복적으로 생략된 상태다[55].

소진 상태에 이르면, 가장 먼저 에너지가 고갈된다. 예전에는 하던 일들이 지나치게 버겁게 느껴지고, 시작하는 것 자체가 어렵다.

여기에 냉소와 거리감이 더해진다. 일도, 사람도, 이전만큼 의미있게 느껴지지 않는다. 모든 게 귀찮다. 효능감도 무너진다. 열심히 해봤자 잘 안될 거라는 감각이 마음 깊숙이 자리 잡는다.

이때 많은 사람들은 스스로를 비난한다. '내가 게을러진 것 같다', '마음이 약해졌다', '예전 같지 않다'고 생각한다.

이미 몸과 마음의 회복 시스템이 고장나고 모든 에너지가 소진된 상태에서 알로스타 부하가 한계에 도달했는데, 이에 대해서도 우리는 채찍질을 하는 것이다. 이때 다시 의지를 밀어 넣으면 상황은 더 악화된다.

번아웃의 끝에는 종종 무기력이 찾아온다. 오랜 시간 알로스테시스가 작동하고, 알로스타 부하가 누적되면, 지친 몸은 더 이상 같은 방식으로 버틸 수 없게 된다. 이미 긴장과 각성에 필요한 자원을 대부분 소모한 상태에서, 다시 한 번 의지를 끌어올리는 것은 불가능에 가깝다.

이 지점에서 몸은 더 이상 에너지를 쓰지 못하도록 기능을 낮추고, 활동을 제한한다. 우리가 경험하는 깊은 무기력은 이렇게 몸과 마음이 스스로 차단한 결과일 수 있다.

이는 아무것도 하기 싫어서 생긴 것이나 포기하려는 마음이 아니다. 오히려 너무 오래 해왔기 때문에, 더 이상 할 수 없게 된 결과다. 이때의 멈춤은 포기가 아니라, 살아남기 위한 최소 작동 모드다.

이 장에서 살펴본 소진과 무기력은 어느 날 갑자기 찾아오는 것이 아니다. 반추나 완벽주의, 감정 억제, 자기 몰아붙이기처럼 앞선 장에서 다뤘던 마음의 짐들을 줄이지 않은 채, '열심히 사는 태도'로 버텨온 결과다.

몸은 여러 번 신호를 보냈고, 우리는 그 신호를 무시해왔다. 마음이 약해진 것이 문제가 아니라, 회복 없이 의지만 믿고 계속해서 버텨온 방식이 문제다. 몸의 경고를 무시한 채 마음만 다잡으려 하면, 결국 선택지는 하나로 좁아진다. 아무것도 하지 못하는 상태에 이르러서야 멈추게 되는 것이다.

바른 마음은 끝까지 버티는 강한 의지를 가진 마음이 아니다. 더 강해지겠다고 자신을 몰아붙이는 마음도 아니다. 바른 마음이란 무너지기 전에 멈출 수 있는 마음이다. 몸의 신호를 실패로 해석하지 않고, 조정이 필요하다는 정보로 받아들일 수 있는 태도다.

의지로 버틸 수 있다는 착각을 내려놓고 몸과 마음의 목소리를 잘 들을 필요가 있다. 때로는 우리 몸도 온전한 쉼이 필요하다.

4부
마음을 되찾는 일

1장 몸과 감각의 회복

중학교 3학년 무렵, 신우신염을 크게 앓았다. 갑작스러운 고열은 일주일이 넘도록 떨어지지 않았고 입원을 하게 되었다. 그 이후로도 짧으면 반년, 길면 2년 정도의 주기로 한 번씩 고열로 응급실을 찾는 일이 반복되었다.

열은 항상 갑작스럽게 발생했고, 그때마다 나는 원인을 외부에서 찾았다. 면역력이 약했다거나, 몸에 부담이 되는 음식을 너무 많이 먹었을 뿐이라고 생각했다. 갑자기 열이 난다고 생각했고, 몸이 보내는 신호에 대해서는 깊이 생각하지 않았다.

하지만 어느 정도 증상이 반복되고, 시간이 지나고 나서야 알았다. 갑작스러운 병은 없다. 단지 내가 몸이 보내는 신호를 미리 알아차리지 못했었을 뿐이다.

아프기 전에는 늘 어떤 스트레스 사건이 있었고, 마음이 조급했고, 피로감을 많이 느꼈다. 괜히 예민해지고 머리로는 스스로를 비난하며 더 잘 해야 한다고 채찍질했지만 그럴수록 몸은 더 무기력해졌다.

그 시절의 나는 이러한 몸의 반응을 중요하게 여기지 않았다. 하루 종일 피곤해하고 옆구리 통증이 계속되어도 그냥 피곤한 거라고 여기며 참았다. 불안하거나 불안하거나 지칠 때에도, 그 감정을 들여다보기보다는 별 거 아니고 지금 해야 할 일을 먼저 해치우는 게 더 중요하다고 생각하며 견뎠다.

그 과정에서 몸과 감정은 늘 뒤로 밀렸다. 몸과 감정은 이미 여러 번 말을 걸고 있었지만, 나는 그 언어를 제대로 듣지 못했다. 단순히 피곤한건지 아니면 정말 휴식이 필요한 상황인건지, 감정이 어떤 상태인지, 내가 지금 감당할 수 있는 범위가 어디까지인지 등 나는 내 스스로에 대해 이런 질문을 거의 해보지 않았다.

그 대가가 너무 늦게 나타났다. 몸이 보내는 경고를 무시하고 습관을 변화시키지 않으니, 몸은 고열이라는 극단적인 방식으로 나를 멈춰세웠다. 나 자신에 대한 감각이 너무 둔해진 결과 질병으로 이어졌다.

우리는 종종 마음의 문제를 생각의 문제로만 다룬다. 더 잘 생각하면 괜찮아질 거라고, 마음을 다잡으면 버틸 수 있을 거라고 믿는다. 하지만 내 자신의 몸과 건강에 대한 감각이 너무 둔해진 결과 신우신염으로 이어진 것처럼, 마음에 대한 민감도가 떨어져도 마음의 병으로 이어질 수 있다.

이미 몸과 감정이 신호를 보내고 있음에도 이를 알아차리지 못한다면, 바른 마음을 아무리 가지려 노력하더라도 늘 한 발 늦어질 수밖에 없다.

이 장은 바로 이 질문에서 시작한다. 나는 지금 내 몸의 상태를 알고 있을까? 내 감정은 어떤 신호를 보내고 있을까? 바른 마음을 가지기 위한 출발점은 지금 나의 몸과 마음에 대한 인식이다.

몸이 먼저 반응한다

나는 왜 내 몸의 건강 상태를 알아차리지 못했을까? 내 몸의 신호를 의도적으로 무시하거나 외면했던 것은 결코 아니었다. 다만, 그 신호를 알아차릴 수 있는 감각 자체가 둔해졌을 뿐이다.

아프기 전의 나는, 그리고 지금의 나 역시도 여전히 스스로에게 '괜찮아', '아직 할 만해', '나약한 소리 하지마' 같은 말을 많이 했다. 몸은 염증 수치가 높아져 늘 피곤하고, 감정은 과부하를 알리고 있었지만, 그 모든 것을 '별것 아닌 것'으로 받아들였다. 오히려 스스로를 게으르다고 채찍질하기도 했다.

내 몸이 보내는 신호를 정확히 감지하지 못하고 있었다. 심리학에서는 이 감각을 '내수용감각(Interoception)'이라고 부른다. 심장 박동, 호흡, 근육의 긴장과 이완, 피로감, 메스꺼움 등 신체 내부에서 일어나는 변화를 감지하고 해석하는 능력을 말한다[56].

우리는 흔히 감각이라고 하면 시각이나 청각처럼 외부 세계를 인식하는 능력을 떠올리지만, 내수용감각은 내 안에서 무슨 일이 일어나고 있는지를 알아차리는 감각이다.

이 감각은 생각보다 훨씬 많은 일을 한다. 배가 고픈지, 피곤한지, 긴장하고 있는지, 불안이 올라오는지 등에 대한 판단은 생각 이전에 몸에서 올라오는 신호를 바탕으로 이루어진다. 마음의 상태를 아는 가장 첫 번째 단서는 언제나 몸에 있음을 알아야 한다.

내수용감각이 낮은 사람들은 신체 내부에서 발생하는 변화를 늦게 인식한다. 누적된 피로나 과도한 긴장을 초기에 포착하지 못한 채, 어느 순간 갑작스러운 신체 증상이나 정서 변화로 문제를 경험하는 경우가 많다.

심장박동에 대한 인식 과제를 통해 내수용감각의 정확도를 측정한 연구에 따르면, 내수용감각이 낮을수록 스트레스 반응을 제때 감지하지 못하고, 불안이나 우울 증상을 더 자주 보고하는 경향이 있다[57]. 또한 자신의 감정을 명확하게 구분하거나 조절하는 데에서도 어려움을 겪을 수 있다[58].

신체 신호에 대한 접근성이 낮으면 자신의 감정 상태와 점진적인 변화 과정을 알아차리지 못하고, 이미 감정이 고조된 후 마치 예고 없이 폭발하는 것처럼 주관적으로 경험하게 되는 것이다.

반대로 내수용감각이 잘 유지된 사람들은 자신의 신체 내부에서 나타나는 변화에 더 민감하다. 이들은 신체 신호를 통해 현재의 정서 상태를 보다 명확하게 인식하는 경향이 있다. 즉, 몸에서 나타나는 긴장이나 정서적 동요를 비교적 이른 단계에서 알아차린다.

연구에 따르면, 내수용감각이 민감한 사람일수록 감정 변화의 초기 단계에서 조절 전략을 사용하고, 감정이 극단적으로 고조되기 전에 행동을 조절했다[59].

이들은 무너지지 않기 위해 더 강한 의지를 발휘할 필요 없이, 감정이 감당하기 어려운 수준에 이르기 전에 스스로의 몸과 마음 상태를 알아차리고 보호한 것이다.

한 가지 염두에 두면 좋을 것은, 내수용감각이 잘 작동한다는 것이 절대 예민함의 문제가 아니라는 것이다. 예민함과 민감함의 의미는 다르다. 사소한 자극에 과도하게 반응한다는 뜻이 아니라, 어느 정도 반응하는지를 명확하게 알아차리는 것을 의미한다. 미리 알아차리기에 과도한 반응으로 커지기 전에 해소할 수 있다.

이처럼 몸은 늘 먼저 반응하고 있는데, 우리는 이러한 신호들을 무시한 채 하루하루를 살아가곤 한다. 바른 마음을 가지기 위해 더 강해지거나, 더 단단해지거나, 더 굳센 의지를 다지는 것이 필요한 것이 아니다. 그 대신, 이미 우리의 몸과 마음에서 일어나고 있는 신호를 다시 온전히 느낄 수 있게 되는 것이 중요하다.

자신이 감당할 수 있는 범위를 안다

몸의 신호에 주의를 기울이고 조금씩 느끼기 시작할 때 곧바로 감정적인 변화가 나타나지는 않는다. 그 대신 자신에 대한 미묘한 인식을 갖게 된다.

'이 정도면 내가 버거워지는구나', '이틀 정도 잠을 잘 못 자면 내 몸이 힘들어하는구나', '이 선을 넘으면 흔들리기 시작하는구나' 자신의 상태에 대해 인식하게 되는 것이다.

그전까지 나는 늘 어느 순간 갑자기 불안해지고, 갑자기 지치고, 갑자기 무너지고, 갑자기 아프다고 생각했다. 하지만 증상이 반복되고 그 전후 맥락과 내 상태에 대한 인식을 하는 과정에서 기존에 갑작스럽다고 느꼈던 것이 착각이었다는 걸 알게 되었다.

사실 이미 한참 전부터 내 몸과 마음은 감당할 수 있는 범위를 한참 벗어나고 있었던 것이다.

심리학에서는 이 범위를 '수용의 창(Window of Tolerance)'이라고 부른다. 수용의 창이란 사람이 효과적으로 기능할 수 있는 최적의 각성 범위를 말한다. 불안이나 긴장, 초조함과 같은 과도한 각성 상태, 혹은 반대로 무기력이나 멍함, 소진과 같은 극단적인 저각성 상태에 빠지지 않고, 온전히 경험을 처리할 수 있는 심리적 영역이다[60].

이 창 안에 있을 때, 우리는 생각하고 느끼고 선택할 수 있다. 감정이 생겨도 압도되지 않고, 스트레스가 와도 완전히 무너지지 않고 버틸 수 있다. 이 정도의 자극은 충분히 감당할 수 있는 마음의 힘을 가지고 있는 것이다.

문제는 이 창이 고정된 것이 아니라는 점이다. 앞서 알로스타 부하에 대해 살펴본 것처럼, 우리 몸과 마음의 스트레스 수준은 변동을 보인다. 처음에는 충분히 스트레스를 감당할 수 있고 스트레스로부터 완전히 회복할 수 있다. 이때는 수용의 창에 머무르고 있는 단계다.

하지만, 스트레스나 피로, 반복된 억압, 회복되지 않은 감정들이 점차 쌓이게 되면 완전한 회복이 어려워진다. 이 과정에서 우리의 감당 범위를 벗어나게 되면 점차 균형을 잃게 되는데, 우리의 수용의 창도 좁아지게 된다.

이 지점에서 내수용감각과 수용의 창은 긴밀하게 연결된다. 내수용감각이 낮아 몸이 알려주는 경고 신호를 제때 파악하지 못하는 상태에서는, 수용의 창이 좁아지는 것을 알아차리기조차 어렵다. 몸의 경고 신호를 제때 포착하지 못하고, 이미 수용의 창을 한참 벗어난 뒤에야 손 쓸 수 없이 커진 문제를 인식하게 되는 것이다.

이런 수용의 창을 벗어나면 어떻게 될까? 크게 과각성과 저각성 두 가지 상태로 나눌 수 있다. 먼저 과각성 상태를 살펴보자. 이 상태에 있을 때 몸은 작은 스트레스에도 마치 위협 앞에 선 것처럼 과도하게 반응한다. 생각과 마음은 쉬지 않고 돌아가고, 불안함과 초조, 분노, 짜증 같은 감정이 쉽게 치솟는다. 사소한 일에 과민해지고 쉽게 무너지며, 작은 문제도 크게 느껴진다.

늘 긴장한 채로 사는 사람들은 과각성 상태인 것이다. 겉으로 보기에는 에너지가 넘치고 잘 버티는 것처럼 보일 수도 있지만, 실제로는 신경계가 과도하게 각성된 상태다. 이때의 행동은 '버티는 것'에 가깝지, 처리하는 것과는 거리가 멀다.

반대로 저각성 상태는 정반대의 방향으로 나타난다. 몸의 에너지는 떨어지고, 멍해지며, 감각은 무뎌진다. 해야 할 일은 많은데 손이 잘 움직이지 않고, 생각도 잘 이어지지 않는다. 흔히 말하는 무기력, 소진, 공허감이 여기에 해당한다.

이 상태는 게으름이나 의지 부족과는 다르다. 오히려 신경계가 더 이상 과부하를 견디지 못해, 스스로를 차단하는 방식에 가깝다.

흥미로운 점은, 많은 사람들이 이 두 상태 중 하나에만 머무르지 않는다는 사실이다. 어떤 이들은 불안과 초조로 버티다가, 어느 순간 갑자기 탈진해버린다. 과각성 상태로 자신을 몰아붙이다가, 더 이상 감당할 수 없을 때 저각성으로 뚝 떨어지는 식이다.

나 역시 그 중 한 사람이다. 산더미처럼 쌓인 해야 할 일들을 보며 마음이 조급해져 스스로를 채찍질하다가도, 어느 순간 시동이 꺼지듯이 이불 밖을 나오지 못한다. 이 과정을 반복하는 과정에서 '내가 너무 예민한가?', 혹은 '왜 이것도 못 버티지?'하며 내 스스로를 더 비난하였다.

이 지점에서 중요한 전환이 필요하다. 긴장과 불안을 느끼는 과각성 상태에 있을 때 우리는 흔히 진정하라고 말한다. 반면 저각성 상태에 있을 때는 지금처럼 게으르지 말고 의지를 기르라고 말한다.

하지만 우리가 과각성과 저각성 상태에 있을 때 이런 말들이 과연 도움이 된 적이 있었을까? 나의 경우에는 별로 없다. 오히려 불안과 무감각에서 벗어나 평온해지려는 나의 노력은 상황을 더욱 악화시켰다.

극도의 불안에서 무기력함으로, 혹은 무기력함에서 '이렇게 살아선 안돼' 하는 불안함으로 이어져 평온과는 더 멀어진 결과를 낳았다.

이 반응은 나약함이나 게으름, 의지 부족의 문제가 아니다. 이미 수용의 창이 좁아진 상태에서, 그 안에 더 많은 것을 밀어 넣으려 했기 때문에 생기는 자연스러운 결과다. 몸이 적응하기 위한 과정인 것이다.

그렇다면 바른 마음을 회복하기 위해 우리는 어떻게 해야 할까? 많은 사람들이 회복을 수용의 창을 넓히는 일로 생각한다. 더 강해지고, 더 많이 견디고, 더 큰 스트레스도 감당할 수 있어야 한다고 믿는다.

하지만 실제 회복의 출발점은 다르다. 회복은 창을 억지로 넓히는 데서 시작되지 않는다. 지금 내 자신이 수용의 창 안에 있는지, 밖에 있는지를 알아차리는 것부터 필요하다.

수용의 창을 이해한다는 것은 나의 반응을 평가하는 기준이 바뀐다는 뜻이기도 하다. '왜 나는 이 정도로 이렇게 힘들어할까?', '왜 나는 게으를까?'라는 자기 비난 대신, '아, 내가 지금 감당할 수 있는 범위를 벗어나 있구나'라는 걸 알아차리는 것. 이 과정이 자기 비난을 멈추고 회복의 방향으로 다시 설정하게 만든다.

지금 내가 어느 곳에 위치하는지, 자신의 상태를 인식한 다음에는 다시 창 안으로 다시 돌아오는 일에서 시작된다. 이 때 중요한 점이 한 번에 수용의 창의 중심으로 들어와 흔들리지 않는 걸 목표로 하는 게 아니다. 대신 한 걸음부터 시작하는 것이 필요하다. 회복은 극적인 변화로 오지 않는다는 걸 명심하자.

만약 과각성 상태라면 그 불안을 아주 조금 낮추는 방향으로 행동한다. 다른 사람들은 모두 열심히 공부하고 있는데 나 혼자만 뒤쳐지는 것 같아 두려워질 때, 지금 공부하고 있는 것에서 핵심 메세지를 두 개 정도로만 요약해서 건지려고 시도하는 것이다.

모든 내용을 다 외우는 것을 목표로 하는 건 더욱 과각성으로 빠질 뿐이다. 그 대신 딱 두 개만 이해하겠다는 작은 목표를 잡는 것이 불안을 낮추는 데 도움이 된다.

반대로 만약 저각성 상태라면 조금 깨우는 방향으로 아주 미세한 조정을 시도해보자. 우리는 무기력하게 있다가 마음 먹는다고 해서 갑자기 에너지를 낼 수 없다. 그 대신 아주 작은 행동 변화를 시도하는 것이 도움이 된다. 이불 밖을 나오기 힘들 때 잠깐 화장실에 가서 스트레칭을 켜는 것, 신발을 신고 1층까지 갔다 오는 것이다.

이처럼 자신이 감당할 수 있는 범위는 어디까지인지 느끼는 것, 그 선을 넘었을 때 몸과 감정이 어떻게 반응하는지 알아차리는 것, 그리고 그 신호가 왔을 때 더 밀어붙이기보다 잠시 멈추는 선택을 하는 것. 이 전환이 우리의 바른 마음을 회복하도록 도와줄 것이다.

뭉뚱그린 고통을 아주 잘게 쪼개는 일

몸과 마음의 감각을 민감하게 느끼기 시작한다고 해서, 곧바로 감정이 편안해지는 것은 아니다. 오히려 처음에는 몸의 상태가 혹시 이상한 건 아닌지 예민해지기도 하고, 감정은 더 많아져서 복잡해진 것처럼 느껴질 수도 있다. 하지만 그 변화는 악화가 아니라, 분화의 시작에 가깝다.

그전까지의 감정은 늘 뭉뚱그려서 묶여 있었다. '힘들다', '슬프다', '속상하다' 이 말 속에는 너무 많은 것이 들어 있었다. 피로인지, 불안인지, 억울함인지, 긴장인지, 아니면 서운함인지 구분되지 않은 채, 하나의 덩어리로 눌려 있는 것이다. 감정 자체는 분명 있었지만, 그 형태가 명확하지 않아 다루기도 어려웠다.

몸의 감각을 느끼기 시작하면, 이 덩어리에 조금씩 균열이 생긴다. 어깨의 긴장을 알아차리면서 이것이 단순한 피로가 아니라 긴장이라는 것을 알게 된다. 속이 답답한 감각을 느끼며 체한 게 아니라 불안일 수 있음을 깨닫게 된다. 이처럼 감정은 갑자기 생겨나는 것이 아니라, 몸의 감각 위에서 조금씩 선명해진다.

이를 심리학에서는 '감정 입자도(Emotional granularity)'라고 한다. 자신의 감정을 더 세밀하게 구분하고, 그 차이에 맞는 이름을 붙일 수 있는 능력을 말한다[61]. 감정 입자도가 낮을수록 감정은 큰 덩어리처럼 느껴지고, 반대로 입자도가 높아질수록 감정은 더 작고 구체적인 단위로 나뉜다.

즉, 단순히 '기분이 나빠'라고 말하는 사람보다, '지금 나는 억울하기도 하고 약간의 질투가 섞인 허탈감을 느껴'라고 말하는 사람이 자신의 감정을 더 세분화할 수 있는 사람이다.

이 차이는 단순한 언어 능력의 문제가 아니다. 연구들은 감정 입자도가 높은 사람일수록 감정 조절이 더 수월하고, 감정을 회피하거나 폭발시키는 대신 상황에 맞는 대응을 선택할 가능성이 높다는 점을 보여준다. 감정을 세밀하게 구분할 수 있을수록, 그 감정에 대한 처방전 역시 명확해질 수 있다.

예를 들어 '힘들다'라는 감정 자체는 어떤 행동을 해야 할지 모호하다. 하지만 '피로하다'는 휴식을, '불안하다'는 안전을, '서운하다'는 관계의 조정을 필요로 한다는 것을 보여준다. 이처럼 감정이 분해되지 않으면, 대응은 늘 엉뚱해진다. 물리적으로 쉬어야 할 상황에서 버티고, 말해야 할 상황에서 참아버리게 된다.

많은 사람들이 감정을 다루는 데 실패했다고 느낄 때, 사실 실패한 것은 감정이 아니라 구분의 단계다. 감정은 너무 크고 막연한 상태로 남아 있었고, 그래서 손댈 수 없게 느껴졌던 것이다. 하지만 감정은 잘게 나눠어질수록, 오히려 부담이 줄어든다.

따라서 우리는 감정의 입자를 아주 잘게 쪼갤 필요가 있다. 머리로만 감정을 분석한다고 가능한 일이 아니기에, 우리는 다시 몸으로 돌아가야 한다. 감정은 생각에서 시작되는 것이 아니라, 몸의 감각을 통해 떠오르기 때문이다.

몸의 신호를 느낄 수 있을 때, 감정도 비로소 구체적인 형태를 갖는다. 그리고 우리는 이렇게 분해되어 구체적인 형태를 가진 감정만을 명료하게 다룰 수 있다.

결국, 이 장에서 말하고자 하는 회복은 더 강해지고 단단해지기 위해 애쓰는 노력이 아니다. 대신 바른 마음을 회복하기 위해선 자신의 몸과 마음의 목소리를 듣고 알아차리는 것이 필요하다.

몸의 감각을 느끼기 시작하면 자신이 감당할 수 있는 범위가 보인다. 각성도, 마비도 아닌 수용의 창 안에선 감정이 나를 압도하지 않고 감정을 없애려 하거나 밀어내지 않아도 된다. 이때 감정은 막연한 덩어리가 아니라 이름 붙일 수 있는 작은 경험이 된다.

중요한 점은 이 모든 과정이 빠르지 않다는 것이다. 몸은 늘 현재에 있지만, 우리가 그 자리로 돌아오는 데에는 시간이 필요하다. 조금 더 일찍 멈추고, 조금 더 정확하게 느끼고, 조금 덜 자신을 몰아붙일 때 회복이 시작될 수 있다.

2장 나와 세상을 다시 믿는 법

낙관적 실용성. 은사님께서 올해 내게 주신 화두이다. 나의 하루하루를 잘 드러낸 표현이라 생각한다.

나의 경우 성장하고 성과를 내기 위해선 결코 내 스스로를 믿지 않는다. '제대로 하고 있지 않아', '너무 한심해' 같은 말로 스스로를 다그치고 채찍질하며 마음을 다잡고 하루를 통제하려고 애쓰는 편이다. 즉, 나의 하루를 의미있게 만들기 위해 스스로를 아주 비관적으로 바라본다.

반대로 '잘 할 수 있어!', '뭔가 될 것 같아!'하며 내 자신, 혹은 내게 주어진 일이나 내가 처한 상황에 대해 낙관적으로 바라보게 되면 그 순간 게을러진다. 어떻게든 될거야 하는 마음 편한 생각이 들며 비실용적으로 되는 것이다.

즉, 실용적이기 위해 스스로를 비관적으로 바라보다가, 간혹 낙관적으로 바라보는 순간 비실용적이 되는 것이다. 이는 내 스스로를 온전히 믿지 못한다는 메세지이기도 하다. 나를 믿는 순간, 채찍이 아닌 당근을 드는 순간 나는 성장을 위해 노력하지 않을 것이라는 확신. 내 스스로에 대한 불신이다.

회복도 마찬가지다. 우리는 흔히 회복을 노력의 총량으로 이해한다. 더 많이 애쓰고, 더 잘 관리하고, 더 흔들리지 않으려 애쓰면 언젠가는 괜찮아질 거라고 믿는다. 그래서 마음이 아플수록 자신에게 더 엄격해지고, 약해지지 않기 위해 감정을 억누른다. 버티는 법은 점점 늘어나지만, 숨이 막힌다.

우리는 질문을 바꿀 필요가 있다. 우리의 바른 마음이 회복되지 않는 이유는 정말 우리가 덜 애쓰기 때문일까? 혹시, 애쓰는 노력 자체가 우리를 회복으로부터 더 멀어지게 만들고 있는 건 아닐까?

회복은 의지의 문제만이 아니라, 태도의 문제일 수 있다. 우리는 우리 자신을 몰아붙이는 데는 익숙하지만, 자신을 대하는 태도를 점검하는 데에는 서툴다. 스스로에게 가혹한 기준을 적용하면서도, 그 기준이 오히려 회복을 방해하고 있다는 사실은 눈치채지 못한다.

끊임없이 자신을 평가하고 비난하는 내적인 목소리, 주변 사람들의 말이나 조언을 쉽게 믿지 못하는 경계심, 도움이나 새로운 관점을 받아들이지 않으려는 미묘한 폐쇄성. 모두 상처받지 않도록 돕는 방어인 동시에, 회복을 막는 장벽이기도 하다.

이 장에서는 우리가 정말로 부족했던 것이 무엇일지를 살펴보고자 한다. 회복되지 않는 이유는 아직 충분히 애쓰지 않아서가 아니다. 더 큰 의지나 강한 마음이 필요한 게 아니라, 자신과 타인에게 건네는 친절과 믿음이 중요하다.

스스로에게 친절할 때, 세상도 다시 열리기 시작한다

바른 마음을 회복하기 위해 우리는 어떤 태도를 가져야 할까? 크게 자기 자신을 대하는 태도인 자기 자비, 다른 하나는 세상과 연결되는 방식인 인식적 신뢰 개념을 다룰 것이다.

자기 자비(Self-compassion)란 고통을 겪고 있는 자신을 비난하거나 몰아붙이지 않고, 스스로를 이해하고 친절하게 대하는 태도를 의미한다[62]. 이는 고통을 없애려 노력하는 것이 아니라, 고통을 대하는 방식을 바꾸는 것이다.

예를 들어, 실패하거나 무너졌을 때, '왜 또 이 모양이냐. 한심하다'고 자책하는 대신, '지금 이 순간이 나에게 힘든 시간이구나'를 인정하고 그 안에 있는 나 자신을 함부로 다루지 않는 것이 자기 자비의 출발점이다.

심리학자 네프(Kristin Neff)는 자기 자비를 세 가지 요소로 설명한다[63]. 첫번째는 '자기 친절(Self-kindness)'이다. 실패나 고통의 순간에 자신의 부족함이나 실수를 냉정하게 평가하고 비난하는 대신,

어려움 속에 있는 존재로서 자신을 대하는 태도를 뜻한다.

두번째는 '공통된 인간성(Common humanity)'이다. 고통과 실패를 나만이 겪는 문제라고 해석하지 않고, 인간이라면 누구나 겪을 수 있는 보편적인 경험으로 인식하는 태도이다. 이 관점은 고통을 개인의 결함으로 축소시키지 않게 해준다.

세번째는 '마음챙김(Mindfulness)'이다. 감정을 억누르거나 과도하게 동일시하지 않고, 현재의 경험을 균형 잡힌 태도로 알아차리는 것이다. 지금 자신이 처한 상태를 있는 그대로 알아차리는 능력으로 볼 수 있다.

실제 연구들에 따르면, 자기 자비 수준이 높은 사람들은 우울과 불안, 스트레스와 같은 정신병리 증상이 낮았다[64]. 또한 이들은 완벽주의적인 기준이나 자기 비난, 실패한 뒤의 과도한 반추를 적게 했다[65]. 특히 '잘해야만 인정과 사랑을 받을 수 있다'와 같은 조건부 자기평가로부터 자유로웠다.

중요한 점은 자기 자비가 동기를 약화시키거나 자기 합리화로 이어지지 않는다는 사실이다. 이는 성취를 포기하거나 노력을 멈춘 태도가 아니다. 다만 실패의 순간마다 자신을 공격하지 않기로 선택한 것이다.

그 결과, 자기 비난에 소모되던 에너지가 줄어들고, 그만큼 문제 해결과 회복에 사용할 수 있는 정서적 여유가 생긴다. 실제로 자기 자비 수준이 높은 사람들은 정서적 균형을 비교적 빠르게 회복하는 경향을 보였다. 반대로 자신에게 가혹한 태도는 당장은 버티고 원하는 행동을 하게 만들 순 있지만, 시간이 지날수록 마음을 경직시키고 방어적으로 만든다.

이런 점에서 자기 자비는 나약함의 표시가 아니다. 오히려 굳은 마음을 풀어내는 역할에 가깝다. 지나가는 나그네의 옷을 벗긴 것이 거센 바람이 아니라 따뜻한 햇살이었듯, 스스로를 다그치고 몰아붙일수록 마음은 더 단단히 닫힌다.

자신에게 친절해질 때에야 비로소, 마음은 불필요한 방어를 내려놓고 다시 움직일 수 있는 상태가 된다.

자신에게 조금 더 친절해지는 것만으로 회복되지는 않는다. 나그네의 마음이 다시 움직이기 위해서는, 나 자신뿐 아니라 세상과의 관계 또한 달라져야 한다. 이때 중요한 개념이 바로 인식적 신뢰다.

'인식적 신뢰(Epistemic trust)'란 타인과 세상으로부터 들어오는 정보가 나에게도 의미 있고, 받아들여도 안전하다고 느끼는 것을 의미한다[66]. 이는 단순히 사람을 잘 믿는 것이 아니다. 누군가의 말이나 새로운 정보, 관계적 신호가 나에게도 의미가 있고 받아들여도 괜찮다고 느끼는 마음의 상태를 의미한다.

다시 말해, 세상이 건네는 말이나 신호를 위험이 아닌 배움의 가능성으로 받아들일 수 있는 마음의 상태이다.

이 개념은 어린 시절의 경험에서 출발한다. 어린 아이는 주양육자의 반응을 통해 세상이 어떤 곳인지를 배운다. 자신의 감정을 표현했을 때 그 감정을 존중받고, 설명을 듣고, 그것이 내게 이로움을 주었던 경험들이 하나둘씩 쌓이면, 아이는 자연스럽게 '아, 이 사람의 말은 들어볼 만하네. 세상은 나에게 무언가를 가르쳐주는구나'라고 느끼게 된다. 이때 형성되는 것이 바로 인식적 신뢰다[67].

심리화 이론을 연구한 심리학자 포나기(Peter Fonagy)는, 인간이 변화하고 배우기 위해 반드시 필요한 조건으로 이 인식적 신뢰를 강조했다.

그의 연구에 따르면, 사람은 단순히 좋은 조언을 많이 듣는다고 달라지지 않는다. 변화가 일어나려면 먼저 그 말이 나에게 해당된다고 느껴질 수 있는 마음의 상태가 필요하다[68]. 인식적 신뢰는 바로 그 상태를 가능하게 만든다.

문제는 반복된 상처가 신뢰를 쉽게 닫아버린다는 점이다. 무시당하거나, 착취당하거나, 도움을 요청했지만 돌아온 것이 실망뿐이었던 경험이 쌓이면, 우리 마음은 스스로를 보호하기 시작한다. '알겠지만, 나한테는 안 맞아', '저 사람 말도 결국 실망으로 끝날 거야'.

그 결과, 겉으로는 조언을 듣고 고개를 끄덕이지만 속으로는 거리를 둔다. 인식적 신뢰가 낮아진 사람들은 조언을 들어도 와닿지 않고, 도움을 받아도 삶이 달라지지 않으며, 알고있지만 달라지지 않는 경직된 상태가 되풀이되게 된다.

이는 변화에 대한 의지나 정보가 부족해서가 아니다. 마음이 아직 받아들일 준비가 되어 있지 않기 때문이다. 자기 비난이 계속되고 받아들일 수 있는 통로 자체가 닫혀 있는 한, 마음은 계속해서 자신과 세상을 밀어낸다. 반대로 자신에게 안전해질 수 있을 때에야 세상은 다시 배움의 공간으로 열린다.

자기 비난을 멈추는 순간, 온전히 받아들일 수 있다

자기 자비와 인식적 신뢰는 각각 독립적인 태도처럼 보이지만, 실제로는 서로 맞물려 작동한다.

사람은 스스로를 공격하고 있는 동안에는 끊임없이 방어 태세에 놓인다. 작은 실수에도 즉각적으로 자신을 검열하고, 취약함이 드러날 가능성을 미리 차단한다. 이때 마음은 외부의 말과 신호를 받아들이는 데 필요한 여유를 갖기 어렵다. 모든 정보는 평가와 판단의 대상이 되고, 대부분은 위협으로 해석된다.

자기 자비는 이 과정을 멈추게 한다. 실패나 흔들림 앞에서 자신을 몰아붙이지 않기로 선택하는 순간, 감정적 방어는 서서히 낮아진다. 실수와 취약함을 숨기지 않아도 괜찮은, 온전하게 안전한 상태가 된다. 이 안전감이 문제를 즉시 해결해주지는 않을지 몰라도, 적어도 마음이 더 이상 스스로를 적으로 삼지 않게 만든다.

이때부터 변화가 일어난다. 내가 조금 안전해지면, 타인의 말과 세상의 신호를 더 이상 위협으로만 해석하지 않게 된다. 조언이 곧

바로 반박의 대상이 되지 않고, 새로운 관점을 거부하지 않는다.

인식적 신뢰는 바로 이 지점에서 점차 회복될 수 있다. 세상이 나를 해치기만 하는 곳이 아니라, 때로는 나에게 도움이 되는 정보를 건넬 수 있는 공간으로 다시 인식되기 시작하는 것이다.

이렇게 마음이 덜 경직될 때 우리는 비로소 무엇인가를 받아들일 수 있게 된다. 타인의 말을 들어도 잔소리가 아닌 피가 되고 살이 되는 조언이 된다. 관계는 긴장 속의 거래가 아니라 소통의 장이 될 수 있다. 변화는 머릿속의 이해로만 머무르지 않고 실제 삶에 적용되기 시작한다. 바른 마음의 회복이 시작되는 것이다.

이 모든 과정은 갑작스러운 결단이나 강한 의지에서 비롯된 것이 아니라, 내 스스로에게 친절하고 세상에 대한 마음의 문을 살며시 열 때 시작될 수 있다. 그때부터 우리는 비로소 배우고, 연결되고, 변화할 수 있다.

뻣뻣하게 굳은 마음은 아무것도 흡수하지 못하는 마른 땅과 같다. 아무리 좋은 씨앗을 뿌려도, 그 위에서는 자라기 어렵다. 반면, 부드러워진 마음은 씨앗이 스며들 수 있는 토양과 같다. 무엇을 받아들일지 일일이 통제하지 않아도, 필요한 것은 자연스럽게 자리 잡는다. 자기 자비는 이 토양을 만드는 과정이고, 인식적 신뢰는 그 위에서 다시 자라기 시작하는 연결의 형태다.

3장 고통과 함께 춤을

우리는 보통 고통을 불청객처럼 여긴다. 예고 없이 찾아와 마음을 어지럽히기에 가능한 한 빨리 내보내야 할 존재라고 생각한다. 그래서 마음이 불편해지는 순간, '이 부정적인 감정에서 빨리 벗어나야 해. 이대로는 안 돼. 빨리 정리하자' 하는 생각이 자동적으로 떠오른다.

예를 들어, 아침에 눈을 떴는데 이유 없이 마음이 가라앉는 날, 친구와의 약속이 있지만 괜히 몸이 무겁게 느껴지는 날, 해야 할 일을 앞에 두고도 자꾸만 미루면서 고통받는 날. 이럴 때 우리는 이런 상태를 문제 상황으로 규정한다. '오늘은 컨디션이 안 좋으니까', '지금은 적절한 타이밍이 아닌 것 같다'와 같이 생각한다.

불안은 쓸데없는 소음처럼 느껴지고, 우울은 고장 난 경고등처럼 여겨진다. 정상적인 삶을 방해하는 신호이기에, 최대한 고쳐야 할 문제로 여긴다. 그래서 바른 마음으로 회복한다는 것을 이런 이상(abnormal) 상태에서 벗어나 다시 원래 자리로 돌아가는 과정이라고 생각하곤 한다.

이런 믿음 속에서 우리는 나름대로 애쓴다. 가능한 한 느끼지 않으려 하고, 생각하지 않으려 하고, 마음이 정리되어 다시 괜찮아질 때까지 잠시만 참고 버티자고 스스로를 설득한다. 지금은 쉬어야 할 때라고, 지금은 움직일 때가 아니라고 말하면서 말이다. 그렇게 괜찮아질 미래를 기준으로 현재의 삶을 잠시 멈춰둔다.

이때 이런 생각의 기반에는 꽤 단단한 전제가 하나 있다. 바로 고통이 있는 상태에서는 제대로 살기 어렵다는 믿음, 그리고 고통이 사라진 뒤에야 온전히 회복할 수 있다는 생각이다. '조금 더 괜찮아지면',

그렇기에 우리는 '조금 더 괜찮아지면 시작해야지', '덜 아플 때 도전해야지'와 같이 조건부의 삶을 산다.

하지만 현실은 종종 그 기대를 따라주지 않는다. 고통은 생각보다 쉽게 떠나지 않고, 고통을 없애기 위해 애쓰는 동안 조심스러워지기만 한다.

하지 않는 일이 하나둘 늘고, 미뤄둔 선택들이 쌓이고, 피하는 관계가 생긴다. 고통은 여전히 그 자리에 있는데, 우리의 삶의 반경만 조금씩 줄어든다.

이 지점에서 우리는 묻게 된다. 혹시 문제는 고통 그 자체가 아니라, 고통을 대하는 방식은 아닐까? 피할 수 없다면 즐기라고 했다. 고통을 즐기면서 고통과 함께 춤을 추려면 어떻게 할 수 있을까?

고통을 데리고 살아간다는 것

우리가 조금 전까지 붙잡고 있던 질문은 '고통을 어떻게 없앨 수 있을까?' 였다. 더 버티면 괜찮아질지, 다른 방법을 찾으면 사라질지, 내가 뭘 잘못해서 이런 상태에 빠진 건 아닌지, 우리는 늘 고통을 출발점으로 삼아, 고통이 사라진 이후의 삶을 상상해 왔다.

하지만 여기서 질문을 조금만 바꿔보면, 전혀 다른 길이 열린다. 만약 이 고통이 생각보다 오래 머문다면 어떨까? 그리고 그동안에도 삶은 계속되어야 한다면, 우리는 어떻게 살아야 할까?

'수용전념치료(Acceptance and Commitment Therapy, ACT)'는 바로 이 질문에서 출발한다. ACT는 고통을 없애는 방법을 더 잘 찾으려는 접근이 아니다. 오히려 고통이 쉽게 사라지지 않는다는 사실을 전제로 삼는다. 인간의 삶에는 불안이나 상실, 두려움, 좌절 같은 경험이 반복해서 찾아온다는 점을 인정한다. 그리고 이런 고통에도 불구하고 우리가 선택할 수 있는 것이 초점을 둔다[69].

ACT가 전하는 핵심 메시지는 단순하다. 행복은 고통의 부재가 아니라, 고통 속에서도 삶을 선택할 수 있는 능력이다. 이는 고통을 미화하자는 말도, 무작정 참으라는 조언도 아니다. 고통을 없애기 위해 삶을 멈추는 대신, 고통이 있는 채로도 삶이 다시 움직일 수 있도록 방향을 바꾸자는 제안이다.

'고통이 사라진 뒤에 어떤 삶을 살고 싶은가'가 아니라, '지금 이 고통과 함께할 때 어떤 삶을 선택할 수 있는가'를 묻는다.

이 관점에서 고통은 더 이상 제거 대상이 아니다. 삶의 한 부분으로서, 굳이 밀어내지도 않고, 끌어안지도 않으면서, 함께 존재할 수 있는 대상이 된다. ACT는 바로 이 지점을 회복의 출발선으로 본다.

그렇기에 ACT가 말하는 회복은 괜찮아지는 것도, 완전히 나아진 뒤에야 다시 시작하는 것도 아니다. 회복이란 아픈 마음을 안고도 한 걸음을 뗄 수 있게 되는 상태다. 우리는 고통을 없애는 법이 아니라 고통과 관계 맺는 방식을 다시 배우게 된다.

불안이 남아 있어도 약속에 나가고, 마음이 무거운 날에도 해야 할 일을 조금 해내고, 흔들리면서도 나에게 중요한 방향을 놓지 않는 것이 바로 바른 마음을 회복하는 것이다.

불편함 속에서도 삶을 이어가는 마음

이 변화는 겉보기에는 단순해 보인다. 고통을 없애려 애쓰지 말고, 고통이 있는 채로도 삶을 살아가보자는 말. 하지만 말이 쉽지, 고통 그 자체로 나를 힘들게 하는데 어떻게 해야 고통과 춤을 추며 살아갈 수 있을까?

ACT는 이 질문에 대해 우리가 고통으로 인해 멈추는 이유는 고통이 그 자체로 너무 크기 때문이기 보다는, 고통에 대한 우리의 마음이 경직되어 있기 때문이라고 답한다. 그리고 굳어진 마음을 다시 움직이는 유연성을 가져야 한다고 설명한다.

'심리적 유연성(Psychological flexibility)'이란 현재의 순간에 열려 있는 태도로 접촉하면서, 불편한 생각과 감정을 지니고도 개인이 중요하게 여기는 가치에 따라 행동할 수 있는 능력이다[70]. 단순히 강해지는 것도, 불편한 감정을 없애는 것도 아니다.

반대로 불안이나 우울, 두려움 같은 감정이 그대로 존재하더라도, 그 감정 하나에 삶 전체가 붙들리지 않는 상태를 말한다.

유연하지 않을 때의 마음은 비교적 쉽게 떠올릴 수 있다. 불안한 생각이 하나 떠오르면, 그 생각이 머릿속을 가득 채우고 밤새 잠을 못 이루기도 한다. 오늘은 쉬고 다음에 하자고, 지금은 때가 아니라고 스스로에게 말한다. 감정 하나가 모든 결정을 대신하게 된다.

이것이 생각과 감정이 마음을 꽉 잡고 놓아주지 않은 채 굳어 있는 상태다. 다른 가능성을 상상할 여지가 없고, 고통이 조금만 올라와도 삶 전체가 흔들린다. 그래서 우리는 고통이 사라지기를 기다린다. 마음이 나아져야 움직일 수 있다고 믿기 때문이다.

심리적 유연성은 바로 이 지점에서 작동한다. 유연한 마음은 고통을 밀어내지 않는다. 그렇다고 고통에 끌려가 지도 않는다. 대신 조금 불안하긴 하지만, 그래도 아직 선택지는 남아 있음을 인식한다. 감정과 행동 사이에 아주 작은 여백이 생기는 것이다.

예를 들어, 해야 할 일이 많지만 아무 것도 하고 싶지 않았던 날을 떠올려 보자. 예전에는 '오늘은 컨디션이 안 좋네. 내일부터 열심히 하자'라는 생각 하나로 하루를 그냥 접어버렸다. 하지만 심리적 유연성이 조금 생기면 '컨디션이 안 좋아서 완벽하게는 못 할 수 있어. 대신 십 분 정도만 해보자' 하고 달라질 수 있다.

불편한 감정을 눌러서 억지로 참고 움직이는 것도 아니고, 자신을 몰아붙이는 것도 아니다. 오히려 지금 자신의 상태를 인정한 채, 지금의 나로 가능한 만큼만 움직이는 태도에 가깝다. 전부 아니면 전무였던 흑과 백의 선택지에서 조금씩 회색 영역이 생기기 시작한다.

우리는 종종 먼저 마음이 바뀌어야 움직일 수 있다고 착각을 한다. 그래서 감정이 나아질 때까지 기다린다. 하지만 심리적 유연성은 이 순서를 바꾼다. 마음이 바뀌어서 움직이는 것이 아니라, 움직이면서 마음이 달라질 가능성을 남겨둔다.

심리적 유연성이 회복되면, 고통은 여전히 존재하지만 그 위치가 달라진다. 고통은 더 이상 삶 전체를 대표하지 않는다. 삶을 멈추게 하는 절대적인 이유에서, 지금 여기 존재하는 여러 경험 중 하나로 자리를 옮긴다. 그래서 유연한 마음을 가진 사람은 덜 아파서 움직이는 것이 아니라, 아픈 채로도 움직일 수 있게 된다.

그래서 심리적 유연성은 회복의 결과라기보다 회복의 출발점에 가깝다. 고통이 사라진 뒤에야 다시 살아보는 것이 아니라, 고통이 있는 지금 이 자리에서 고통과 함께 삶을 계속 이어가는 것이다.

심리적 유연성을 위한 여섯 가지 변화

심리적 유연성은 타고나는 것이 아니라, 연습을 통해서 서서히 높아질 수 있다. ACT는 심리적 유연성을 키우기 위해, 여섯 가지의 핵심 요소를 제시한다[71]. 이는 각기 다른 기술이라기보다, 마음이 고통 앞에서 굳어지는 방식에 대응하는 여섯 방향의 변화다.

어떤 사람은 생각에 붙들려 멈추고, 어떤 사람은 감정을 피하느라 삶을 미루며, 또 어떤 사람은 무엇을 위해 사는지 잊은 채 방향을 잃는다. ACT는 이런 다양한 막힘을 풀어내기 위해, 심리적 유연성을 구성하는 여섯 개의 관점을 나란히 놓는다.

이를 모두 완벽하게 해낼 필요는 없다. 이 요소들은 따로 작동하지 않고 서로를 지탱하며 심리적 유연성을 이루기 때문에, 어느 하나가 조금씩 달라지기 시작하면 나머지도 함께 변화할 수 있다.

① 수용(Acceptance)

우리는 고통을 느끼는 순간, 거의 자동적으로 싸움을 시작한다. 불안을 없애려고 애쓰고, 우울한 생각이 떠오르지 않게 하려고 애를 쓴다. 고통은 불편하고, 오래 머물수록 삶을 망칠 것처럼 느껴지기 때문이다.

문제는 고통과의 싸움이 길어질수록, 우리는 고통에 더욱 얽매이게 되고 우리 삶은 멈추게 된다는 데 있다. 불안이 사라지면 나가겠다고 하고, 컨디션이 괜찮아지면 공부하겠다고 말한다. 그 사이 고통은 여전히 그 자리에 있는데, 삶만 기다리는 상태로 머문다.

수용은 이런 싸움을 당장 끝내라는 것도, 고통을 좋아하거나 체념하라는 조언도 아니다. 수용이란, 고통과 싸우느라 삶 전체를 멈추지 않겠다는 선택에 가깝다. 지금 이 감정이 여기 있다는 사실을 인정하는 것, 더 밀어내지도, 더 키우지도 않으면서 그 상태를 그대로 두는 태도다.

② **탈융합**(Cognitive defusion)

탈융합은 생각과의 거리두기다. 우리는 흔히 머릿속에 떠오르는 생각을 사실처럼 믿는다. '나는 늘 실패해', '이건 잘 안 될 거야' 같은 생각이 들었을 때, 생각은 곧 현실처럼 느껴진다. 우리의 행동은 그 생각을 기준으로 제한된다. 하지 말아야 할 이유만 남고, 시도할 여지는 사라진다.

탈융합은 이러한 생각들을 지우려 하지 않는다. 대신 생각과 나 사이에 조금 거리를 둔다. '지금 실패할 거라는 생각을 하고 있구나'를 인식하는 것이다. 이 단순한 한 문장 만으로도 변화가 생긴다. 생각은 여전히 존재하지만, 더 이상 절대적으로 나를 조종하지는 못한다. 그저 하나의 생각으로 스쳐 지나갈 뿐이다.

그 결과 다른 선택지들이 다시 보이기 시작한다. 생각이 틀렸다는 것을 증명할 필요도 없고, 고통을 없애려 애쓸 필요도 없다. 그저 생각과 사실을 구분할 뿐이다.

수용과 탈융합이 함께 작동하면 고통이 삶의 운전대를 잡지 않게 된다. 조수석에서 소리는 낼 수 있지만 방향을 결정하지는 못한다.

③ 현재의 순간에 머무르기(Contact with the present moment)

고통이 커질수록 우리의 시선은 자연스럽게 현재를 벗어난다. 지나간 일을 되짚으며 '그때 왜 그랬을까'를 반복하고, 앞으로 올 시간을 떠올리며 '이 상태가 언제쯤 끝날까'를 묻는다. 마음은 늘 과거나 미래 어딘가에 가 있고, 정작 지금 현재에는 머물러 있지 않다.

현재 순간에 머무른다는 말은 지금의 고통을 즐기라는 뜻도 아니고, 힘든 감정을 외면한 채 순간에 몰입하라는 조언도 아니다. 지금 이 순간에도 삶은 진행 중이라는 사실을 다시 받아들이는 일로, 고통 없는 미래만을 기다리느라 지금의 삶을 통째로 미뤄두지 않겠다는 선택에 가깝다.

마음은 여전히 무겁지만, 여전히 심장은 뛰고 호흡하며 살아있다. 지금 이 순간에도 할 수 있는 일이 완전히 사라진 것은 아니라는 사실을 알아차리는 것이 현재 순간에 머무르기의 시작이다.

④ 맥락으로서의 자기(Self as context)

우리는 흔히 고통을 느낄 때, 그 고통을 나 자신과 동일시한다. '나는 불안한 사람이다', '나는 우울한 사람이다'와 같이, 고통은 감정이 아니라 정체성이 된다. 그 결과, 감정은 쉽게 벗어날 수 없는 나의 일부처럼 느껴진다.

하지만 고통을 경험하는 나와 그 경험을 알아차리는 나는 다르다는 것을 알아야 한다. 나는 불안 그 자체가 아니라, 불안한 감정을 느끼고 있음을 알아차릴 수 있는 존재이다. 그저 불안한 경험을 하고 있을 뿐, 불안이 곧 나를 의미하지는 않는다. 불안과 우울은 나를 규정하지 못하고, 지나가는 경험일 뿐이다. 고통은 여전히 존재하지만, 나 전체를 설명하지는 못한다.

현재 순간에 머무르고, 자신을 맥락으로 바라보는 관점이 함께 작동하면, 고통과 나 사이에 자연스러운 거리가 생긴다. 고통을 밀어내기 위해 애쓰지 않아도 고통은 나의 정체성이 아니라 내가 겪는 수많은 경험 중 하나로 자리를 옮긴다.

⑤ **가치**(Values)

ACT에서 말하는 가치는 우리가 흔히 떠올리는 목표와는 조금 다르다. 목표는 도달하면 끝나지만, 가치는 끝이 없다. 가치는 결과라기보다 방향에 가깝다. 어떤 사람이 되고 싶은지, 어떤 태도로 살아가고 싶은지에 대한 감각이다. 그래서 가치는 성취의 목록이 아니라, 삶을 이끄는 나침반처럼 작동한다.

중요한 점은, 이 가치가 고통이 사라진 뒤에만 의미를 갖는 것이 아니라는 사실이다. 우리는 종종 마음이 괜찮아지면 그때 중요한 것을 하겠다고 미룬다. 하지만 ACT는 오히려 고통 속에서도 삶을 선택하게 만드는 힘이 바로 가치라고 말한다. 불안이 있어도 지키고 싶은 관계, 마음이 무거워도 놓치고 싶지 않은 태도, 그것이 가치를 드러낸다.

⑥ **전념 행동**(Committed action)

전념 행동은 그 방향을 향해 내딛는 아주 작은 움직임이다. 거창할 필요는 없다. 기분이 나아질 때까지 기다리지도 않고, 준비가 완벽해질 때까지 미루지도 않는다. 지금 이 상태로 할 수 있는 만큼만 움직인다. 한 걸음이면 삶의 흐름을 다시 만들기에 충분하다.

이때 삶이 다시 움직인다고 해서 감정이 곧바로 좋아지는 것은 아니다. 불안은 여전히 남아 있고, 마음은 여전히 흔들린다. 하지만 중요한 변화가 하나 일어난다. 삶이 더 이상 감정에 종속되지 않게 된다. 감정이 삶의 조건이 아니라, 삶과 함께 존재하는 것이 된다.

ACT가 약속하는 것은 고통의 소멸이 아니다. 대신 고통이 삶 전체를 대표하지 않도록, 마음 한가운데를 차지하던 고통을 삶의 한 부분으로 옮겨 놓는다. 그 변화만으로도 삶의 풍경은 달라진다.

고통이 있을 때, 우리는 쉽게 멈춘다. 선택을 미루고, 관계를 피하고, 삶을 보류한다. 하지만 심리적 유연성이 회복되면, 선택의 폭이 다시 열린다. 불안한 채로도 약속에 나갈 수 있고, 마음이 무거운 날에도 해야 할 일을 조금 해낼 수 있다. 우리는 고통을 안은 채로도 여전히 사랑하고, 일하고, 선택할 수 있다.

바른 마음을 회복한다는 것은 고통을 몰아낸 뒤에야 움직이겠다는 태도를 내려놓는 일이다. 고통이 있어도 삶을 이어가겠다고 선택하는 것, 고통과 리듬을 맞추며 삶을 계속해 나가는 것이다.

지금의 고통이 사라지지 않아도, 삶은 미뤄질 필요가 없다. 완전히 준비되지 않아도, 한 걸음은 뗄 수 있고, 그 한 걸음이 삶을 다시 흐르게 만든다.

4장 삶의 의미 회복

우리는 흔히 조금 더 여유있어지면, 상황이 조금만 나아지면, 그 때 가서 삶의 의미를 생각해볼 수 있을 거라고 생각한다. 당장의 바쁜 것들이 사라져야 삶을 돌아볼 여유가 생긴다고 믿는다.

그 결과 의미는 늘 뒤로 미뤄진다. 지금은 버텨야 할 때고, 지금은 견뎌야 할 때라며, 의미를 묻는 질문을 사치처럼 접어둔다. 마치 급하고 중요하지 않은 일들을 처리하느라 급급해서 당장 급하지는 않지만 삶에서 중요한 부분에 대해선 소홀히 하는 것과 같다.

오스트리아의 정신과 의사인 빅터 프랭클(Viktor Frankl)은 이러한 생각을 뒤집고 삶의 의미가 갖는 의미를 강조한다[72]. 프랭클은 제2차 세계대전 당시 아우슈비츠를 포함한 여러 강제 수용소에 수감되었다. 그곳에서 그는 가족을 잃었고, 직업과 이름, 일상의 모든 정체성을 박탈당했다. 인간이 인간으로서 가질 수 있는 거의 모든 조건이 무너진 환경이었다.

프랭클은 극한의 환경에서 한 가지 질문을 붙잡았다. "왜 어떤 사람은 무너지고, 어떤 사람은 끝까지 자기 자신을 잃지 않는가."

이러한 질문 끝에 그가 관찰한 것은 의외의 사실이었다. 더 강한 체력을 가진 사람, 혹은 더 낙관적인 성격을 가진 사람이 반드시 오래 버티는 것은 아니었다. 대신 끝까지 무너지지 않았던 사람들은 공통적으로 살아야 하는 이유를 가지고 있었다. 다시 만나고 싶은 사람이 있거나, 아직 끝내지 못한 일이 있거나, 혹은 어떤 상황에서도 포기하지 않겠다고 마음먹은 태도가 있었다.

이 경험을 통해 프랭클이 내린 결론은 분명했다. 인간은 쾌락이나 성공을 위해서만 살아가는 존재가 아니라, 의미를 향해 살아가는 존재다. 의미는 삶이 잘 풀릴 때 자연스럽게 덤으로 따라오는 것이 아니다. 오히려 삶이 가혹해지고 고통스러울 때, 끝내 삶을 놓지 않게 만드는 마지막 이유에 가깝다. 의미는 고통이 사라진 뒤에 주어지는 보상이 아니라, 고통을 견디게 하는 힘이다.

고통을 정당화하거나 미화하는 것이 아니다. 고통 속에서도 무엇을 포기하지 않을 것인지, 그리고 어떤 사람으로 남고 싶은지에 대한 질문을 던지는 것이다.

삶의 의미는 이 지점에서 힘을 가진다. 상황을 바꾸지 못할 때에도, 인간에게서 완전히 빼앗을 수 없는 것이 하나 남아 있음을 보여

주기 때문이다. 그것은 어떤 태도로 이 시간을 통과할 것인지에 대한 선택이다. 프랭클에게 의미란 상황을 바꾸지 못할 때에도 삶에 대한 태도를 선택할 수 있는 자유였다.

방향으로서의 의미, 감각으로서의 의미

그렇다면 삶의 의미는 무엇일까? 삶의 의미는 '기분이 좋다', '나쁘다' 같은 하나의 단일한 감정이 아니라, 서로 다른 역할을 하는 몇 가지 구조로 이루어져 있다.

그중 가장 많이 구분되는 것이 삶의 목적(Purpose in life)과 삶의 의미(Meaning in life)다. 두 개념은 비슷해 보이지만, 삶에서 작동하는 위치는 다르다. Purpose in life가 삶의 '방향'이라면, Meaning in life는 삶의 '감각'에 가깝다.

먼저, Purpose in life는 내가 어떤 삶을 살고자 하는지에 대한 장기적인 방향성을 말한다. 내가 중요하게 여기는 가치가 무엇인지, 어떤 기준에 따라 선택하고 살아가고 싶은 사람인지에 대한 질문과 맞닿아 있다. 이처럼 Purpose는 미래를 향해 있다.

반면, Meaning in life는 지금 이 삶이 의미 있다고 느껴지는 상태를 가리킨다. 오늘의 하루가, 지금의 내가, 어느 정도 납득되는가에 대한 감각이다. 이 의미감은 반드시 목표 달성과 함께 오는 것은 아니다. 삶이 계획대로 흘러가지 않을 때에도, 그럼에도 살아볼 만하다고 느끼게 만드는 동력에 가깝다.

그래서 삶은 이 두 가지를 모두 필요로 한다. 방향만으로는 삶을 설명할 수 없고, 감각만으로는 삶을 지속하기 어렵다. 삶의 의미는 목표를 세우는 문제이면서 동시에, 지금 이 삶을 받아들이는 문제이기도 하다. 이 두 차원이 함께 작동할 때, 삶은 비로소 흔들리면서도 무너지지 않는 구조를 갖게 된다.

의미 있는 삶과 의미를 쫓는 삶

앞에서 삶의 의미를 두 가지 차원으로 나누어 살펴보았다면, 이제 한 걸음 더 들어가 볼 차례다. 심리학자 스테거(Michael Steger)는 흥미로운 질문을 하나 던진다[73].

나의 삶에 의미가 있다는 것이 무엇을 의미할까? 그 응답에는 자신의 삶에 대해 이미 충분한 의미를 느끼는 상태와 삶의 의미를 찾고자 애쓰는 상태가 섞여 있을 수 있다고 보았다. 겉보기에는 비슷해 보일 수 있지만, 마음에 남기는 흔적은 다를 수 있다.

심리학 연구에서는 이를 각각 presence of meaning과 search for meaning이라고 부른다 . presence of meaning은 지금 자신의 삶이 전반적으로 의미 있다고 느껴지는 상태를 말한다.

삶이 완벽하거나 특별히 의미있는 목표를 달성해서 의미 있다고 여긴다기 보단, 지금 시점에서도 자신의 삶이 그 자체로 납득되고 충분히 받아들여지는 상태다.

성취나 성공, 미래의 계획에 대한 것이 아니라, 현재의 삶을 어떻게 느끼고 이해하고 있는지를 묻는다.

반면 search for meaning은 삶의 의미를 향해 계속해서 질문을 던지고 탐색하는 상태를 가리킨다. 보다 미래 지향적이고, 이 삶에 어떤 의미가 있어야 하는지를 계속 추구한다.

이처럼 자신의 삶에서 의미를 느끼는 것과 의미를 추구하는 것은 독립적일 수 있다[74]. 그리고 각각은 우리의 정신건강에 다른 영향을 미칠 수 있다. 먼저 의미를 가지고 있다고 느끼는 사람들은 대체로 삶의 만족도가 높고, 우울과 불안 수준이 낮으며, 스트레스 상황에서도 비교적 빠르게 균형을 회복한다. 삶이 흔들릴 때에도 삶의 의미가 완충 장치처럼 작동하기 때문이다.

그런데 만약 삶의 의미를 계속해서 추구하고 갈망하며 노력함에도 의미를 느끼지 못하는 경우는 어떨까? 의미를 찾고만 있는 상태는 종종 불안이나 혼란, 심리적 고통과 함께 나타난다.

특히 삶이 예기치 않게 흔들리거나 통제감을 잃었을 때, 의미를 찾으려는 노력은 오히려 공허감을 더 키우기도 한다. 아직 찾지 못했다는 감각 자체가, 삶 전체를 미완성 상태로 느끼게 만들기 때문이다. 그래서 의미를 찾고 있는 사람일수록 '나는 아직 제대로 살고 있지 못하다'는 인식에 더 자주 사로잡히게 된다.

여기서 중요한 점은 의미를 찾는 행위 자체가 병리적이거나 잘못된 것은 아니라는 것이다. 삶을 성찰하고, 질문을 멈추지 않는 자세는 분명 중요한 태도이며, 삶의 어느 시점에서는 의미를 묻고 탐색하는 시간이 필요하다. 특히 발달적인 전환기나 상실과 같은 삶의 변화를 직면할 때 자연스럽게 증가한다.

문제는 그 탐색이 오래 지속되면서, 삶을 지탱해 줄 최소한의 의미감마저 없는 상태로 버티게 될 때다. 의미 없이 견디는 시간이 길어질수록, 질문은 깊어지기보다 무거워지고, 성찰은 이해로 이어지기보다 자기 의심으로 변질되기 쉽다.

따라서 삶의 의미는 목표처럼 설정하고 달성해야 하는 대상이 아닐지도 모른다. 대신 이미 삶 속에서 작동하고 있던 것을 알아차리는 감각에 가깝다. 보이지 않는 의미를 찾기 위해 애쓰면서 스스로를 채찍질하는 대신, 지금까지의 삶을 돌아보며 그 속에 있는 빛나는 가치를 알아차려보자.

삶에 의미가 생긴다고 해서 고통이 갑자기 사라지는 것은 아니다. 여전히 힘든 일은 반복되고 상처받곤 한다. 그러나 의미가 자리 잡은 삶은 이전과는 다른 방식으로 반응할 수 있다. 같은 사건을 겪으면서 마음이 무너지더라도 다시 돌아올 수 있는 기준이 된다.

삶의 의미는 파랑새일지 모른다. 의무감을 갖고 의미를 찾으려 애쓸 때는 멀어지지만, 사실 이미 자신의 삶에 있을 수 있다. 바른 마음을 갖는다는 것은 내 삶의 의미를 알아차리는 일이다.

5장 회복 이후의 마음

우리는 흔히 회복탄력성을 강한 마음이라고 여긴다. 웬만한 일에는 흔들리지 않고, 늘 긍정적이며, 감정에 휘둘리지 않는 사람, 혹은 힘든 상황에서도 금세 털고 일어나는 사람처럼 느낀다.

그래서 마음이 무너질 때마다, 우리는 이렇게 생각하곤 한다.

'나는 왜 이렇게 쉽게 무너질까?', '다른 사람들은 다 잘 버티는 것 같은데, 왜 나는 아직도 아플까?', '이 정도 일에도 흔들리는 내가 유난인 건 아닐까', '이제는 좀 괜찮아져야 하는 거 아닌가'

물론 이 질문은 단순한 궁금증이 아니라 자책으로 이어진다. 이미 충분히 힘든데, 그 힘듦을 견디지 못하는 자신까지 문제 삼게 된다.

하지만 여기에는 중요한 오해가 있다. 회복탄력성은 애초에 덜 무너지는 능력이 아니다. 단단해서 상처받지 않는 마음도, 어떤 일에도 흔들리지 않는 멘탈도 아니다.

회복탄력성이란 무너지지 않는 힘이 아니라, 무너진 뒤에도 다시 돌아올 수 있는 능력에 가깝다. 다시 일상으로, 다시 관계로, 다시 자기 자신에게로 돌아오는 길을 알고 있는 상태 말이다.

남들보다 얼마나 빨리 털고 일어났는지, 얼마나 의연하게 버텼는지를 겨루는 문제가 아니다. 그보다는 넘어졌을 때 다시 설 수 있는 여지를 삶 안에 남겨두는 일이다. 이 장에선 회복이 무엇인지에 대해 살펴보고자 한다.

다시 돌아올 수 있는 마음

'회복탄력성(Resilience)'은 개인이 스트레스나 위기, 상실, 외상과 같은 어려움을 겪은 뒤에도 완전히 무너지지 않고, 경험을 조절하고 통합하며 다시 기능할 수 있는 심리적 능력을 말한다[75].

흔히 타고난 성격처럼 이야기되곤 한다. 어떤 사람은 원래 긍정적이고, 어떤 사람은 원래 약하다는 식이다. 하지만 하나의 고정된 기질이나 성향이라기보다, 여러 기능이 함께 작동하는 시스템에 가깝다.

상황과 관계, 가지고 있는 자원 속에서 우리의 회복탄력성은 역동적으로 변할 수 있다. 그래서 어떤 날은 잘 버티다가도, 어떤 날은 유독 무너지는 것처럼 느껴질 수 있다. 시스템의 어느 한 부분이 지쳐 있으면, 전체가 함께 흔들리기 때문이다.

이 시스템을 이루는 요소들은 생각보다 현실적이다[76]. 먼저 정서 조절은 감정이 올라오지 않게 막는 능력이 아니라, 감정이 올라올 때 그 파도에 완전히 잠기지 않고 버틸 수 있는 힘이다. 불안하거나 슬플 수는 있지만, 그 감정이 나를 전부 삼켜버리지는 않도록 중심을 잡는 힘이다.

둘째, 인지적 유연성은 상황을 좋게 해석하는 낙관주의와는 다르다. 지금 느끼는 이 고통이 전부일지도 모른다는 생각 속에서도, 동시에 이게 전부는 아닐 수도 있다는 여지를 남겨두는 능력이다. 시야가 완전히 좁아지지 않도록, 하나의 해석에 자신을 가두지 않는 힘이다.

여기에 의미가 더해진다. 왜 다시 일어나야 하는지, 무엇을 지키기 위해 버티는지에 대한 개인적인 이유다. 거창한 인생의 사명이 아니어도 괜찮다. 오늘 하루를 넘기고 싶은 이유, 내일을 살아가게 만드는 작은 방향성만 있어도 충분하다.

마지막으로 관계 회복이 있다. 회복은 혼자 해내는 일이 아니라는 사실을 받아들이는 능력이다. 혼자 버티지 않아도 되는 사회적 연결망, 완전히 괜찮아 보이지 않아도 괜찮은 관계가 있다는 감각은 회복 시스템에서 매우 중요한 축을 이룬다.

이렇게 보면 회복탄력성은 단단한 성벽이 아니라, 계속해서 써야 하는 현실적인 근육에 가깝다. 고통을 없애는 능력이 아니라, 고통을 안고도 다시 일상으로 돌아오는 능력이고, 쓰러지지 않는 것이 아니라, 쓰러진 뒤에도 다시 움직일 수 있는 상태다.

원래대로 돌아가야 한다는 착각

우리는 회복을 이야기할 때 무심코 한 가지 기준을 세운다. 상처 입기 전의 나로 돌아가는 것, 다시 예전처럼 웃고, 예전처럼 일하고, 예전처럼 아무렇지 않게 사는 것을 기대한다.

하지만 깊은 외상이나 상실을 겪은 뒤에는, 그 이전의 상태로 돌아가는 것이 애초에 불가능한 경우도 많다. 어떤 경험은 사람의 세계를 바꿔버린다.

관계를 바라보는 눈이 달라지고, 안전하다고 믿었던 것들이 더 이상 같지 않게 느껴진다. 그런 변화 앞에서 원래대로 돌아가야 한다는 기준은 회복을 돕기보다 오히려 더 큰 부담이 된다.

그렇기에 이 지점에서 회복을 다시 정의할 필요가 있다. 회복은 리셋이 아니다. 없던 일처럼 만드는 것도, 상처를 지워버리는 것도 아니다.

회복이란 겪은 외상을 삶의 일부로 포함한 채 살아갈 수 있게 되는 상태에 가깝다. 상처를 지운 삶이 아니라, 상처를 포함한 삶 위에 다시 서는 과정이다.

돌아가지 못한다고 해서 실패한 회복은 아니다. 예전의 나로 돌아가지 않아도, 지금의 나로 살아갈 수 있다면 그것 역시 충분히 단단한 회복이다.

상처 이후의 변화 가능성

회복탄력성은, 무너졌을 때 다시 일상으로 돌아오는 힘이라고 정의했다. 그런데 어떤 사람들에게는 이 회복의 과정이 단순히 원래의 삶으로 복귀하는 것에서 멈추지 않고, 조금 다른 방향으로 이어지기도 한다. 삶의 궤적이 이전과는 미묘하게 달라지는 변화다.

이 변화는 회복의 필수 조건도, 회복의 성공 지표도 아니다. 회복이 충분히 이루어졌을 때, 그 위에서 열릴 수도 있는 하나의 가능성에 가깝다.

외상은 언제나 성장을 만들어내지는 않는다. 어떤 상처는 그저 아프고, 오래 남아 사람을 지치게 하고 삶을 좁히기도 한다. 그럼에도 불구하고 일부 사람들에게는 그 경험이 단순히 회복을 넘어 삶의 방향을 다시 묻게 만드는 계기가 되기도 한다.

그 고통을 통과하는 과정에서 이전과는 다른 방식으로 삶을 이해하고 살아가는 변화를 경험하게 되는데, 심리학에서는 이를 '외상 후 성장(Posttraumatic growth; PTG)'이라고 부른다[77].

외상 후 성장은 마음을 단단히 먹는다고 생기지 않는다. 긍정적으로 생각하려 애쓴다고, 의미를 찾으려 애쓴다고 바로 나타나는 변화도 아니다.

오히려 많은 연구들은 외상 후 성장이 사람이 원해서 만들어내는 결과가 아니라, 특정한 심리적 과정을 충분히 통과했을 때에만 나타날 수 있는 변화임을 보여준다. 그 과정은 대체로 세 가지 핵심 기제로 설명된다.

① 기존 신념 체계의 붕괴[78]

외상은 우리가 가지고 있던 신념 체계를 무너뜨린다. 우리가 평소 의식하지는 않지만, 마음속에는 몇 가지 기본 가정이 깔려 있다.

'세상은 대체로 안전하다', '나는 어느 정도 삶을 통제할 수 있다', '좋은 일과 나쁜 일에는 나름의 이유가 있다' 등을 가정하곤 한다.

외상 경험은 이런 가정들을 정면에서 무너뜨린다. 아무 잘못도 하지 않았는데 일이 벌어지고, 통제할 수 없었고, 이유를 찾을 수 없는 고통이 남는다. 그 결과 외상 이후의 혼란은 단순한 감정적 충격이 아니라, 세상을 이해하던 틀이 붕괴된 상태에 가깝다.

이렇게 무너진 자리에서 혼란을 겪으며, 더 이상 예전의 세계관으로는 살아갈 수 없을 때 우리는 새롭게 삶을 재구성하게 된다. 기존의 믿음이 유지된 채로는 삶을 다시 해석할 수 없기 때문이다. 무너진 세계관 위에서 가치관이나 삶의 의미, 신념들을 재구성하는 과정에서 성장이 시작될 수 있다.

다만, 외상 후 성장은 상처 덕분에 더 강해졌다는 영웅 서사가 아니다. 오히려 기존의 세계관이 흔들린 뒤, 어쩔 수 없이 삶을 다시 해석하는 과정에서 생겨나는 변화에 가깝다. 이전에 당연하다고 믿었던 것들이 무너지고 나서야, 무엇이 중요한지 다시 묻게 되는 것이다.

② 반추의 질적 변화[79]

외상 이후 사람들의 머릿속에는 생각이 끊임없이 떠오른다. 처음에는 대부분 원치 않는 방식이다. '침습적 반추(intrusive rumination)'라고 한다. 불쑥 떠오르는 기억, 장면, 질문들. 잠들기 전에도, 아무 일 없는 순간에도 반복해서 마음을 흔든다.

이 단계의 반추는 성장과 거의 관계가 없다. 오히려 고통을 증폭시키고, 사람을 지치게 만든다.

하지만 시간이 지나면서 일부 사람들에게는 반추의 성격이 조금씩 달라진다. 생각이 여전히 많지만, 방향이 바뀐다.

"왜 이런 일이 나에게 일어났을까?"에서 "이 경험이 내 삶을 어떻게 바꾸어 놓았는가?"로 질문이 이동한다.

이것이 '의도적 반추(deliberate rumination)'다. 연구에 따르면 외상 후 성장을 예측하는 것은 긍정적인 감정이나 낙관성이 아니라, 바로 이 의도적 반추의 정도였다. 다시 말해, 성장은 단순히 좋게 생각하려는 노력의 결과가 아니라, 경험을 이해하려는 사유의 방향 전환에서 비롯된다.

③ 정서 처리와 의미화[80]

외상 후 성장을 감정 조절의 성공으로 오해하기 쉽다. 슬픔을 이겨내고, 분노를 내려놓고, 다시 웃게 되는 과정처럼 말이다.

연구에 따르면, 외상 후 성장은 단순히 감정을 억누른 결과가 아니다. 오히려 감정을 충분히 통과시키고, 그 경험에 새로운 의미를 부여하는 과정에서 나타난다.

감정을 머리로만 분석하는 것이 아니라, 느껴지는 것을 몸과 마음으로 충분히 느낄 수 있게 되는 상태다. 슬픔이 있다면 슬픔을, 분노가 있다면 분노를 지나치게 통제하지 않고 경험하는 것, 그리고 그 감정이 남긴 흔적 위에서, 이전과는 다른 방식으로 삶을 이해하려는 시도다.

의미화는 '그래도 다 잘된 일이었어'라고 결론을 내리는 것을 말하지 않는다. 대신 '이 경험 이후로 나는 이전과 같은 사람이 아니게 되었다'는 인정에서 출발한다.

의미는 고통을 정당화하는 것이 아니라, 고통 이후의 삶을 다시 설명할 수 있게 만드는 언어에 가깝다.

이 세 가지 과정이 보여주는 공통점은 분명하다. 외상 후 성장은 빠르게 일어나지 않으며, 의도적으로 만들어낼 수도 없다. 신념이 무너지고, 생각이 괴롭힘에서 질문으로 바뀌고, 감정을 통과하며 삶의 이야기가 다시 쓰일 때, 그 결과로 나타날 수도 있는 변화다.

그래서 외상 후 성장은 목표가 아니라, 과정을 충분히 통과했을 때 남는 흔적에 가깝다.

이 성장은 몇 가지 영역에서 나타나곤 한다[81]. 먼저 자기 인식이 달라진다. 나의 한계가 분명해지는 동시에, 생각보다 버텨온 나 자신의 강점도 함께 보이기 시작한다. 무너졌던 경험은 나를 약한 사람으로만 규정하기보다, 어떤 상황에서 취약해지는지, 어떤 조건에서는 다시 일어날 수 있는지를 더 구체적으로 알려준다.

관계 역시 재구성된다. 많은 외상 이후, 사람들은 더 이상 모든 관계를 같은 무게로 붙잡지 않게 된다. 진짜로 나를 지지해주는 사람과 그렇지 않은 관계가 구분되고, 관계의 수는 줄어들지라도 밀도는 달라진다. 혼자서 견디지 않아도 된다는 경험은 삶의 연결 방식을 바꿔놓는다.

삶의 우선순위도 재정렬된다. 이전에는 중요하다고 여겼던 목표들이 더 이상 절대적이지 않게 느껴지고, 대신 지금의 삶을 지속 가능하게 만드는 것들이 앞자리에 놓이기 시작한다. 성공, 속도, 비교보다 몸과 마음의 안전, 관계, 의미가 조금 더 또렷해진다.

이와 함께 삶에 대한 감사의 결도 달라진다. 모든 것이 좋아서 감사한 상태라기보다, 쉽게 사라질 수 있다는 사실을 알기에 남아 있는 것들을 다르게 바라보게 된다.

마지막으로, 외상은 종종 피할 수 없는 실존적 질문을 남긴다. '나는 어떻게 살고 싶은가', '이 삶에서 무엇을 선택하며 살아갈 것인가.' 이전에는 미뤄두었던 질문들이 더 이상 외면할 수 없는 형태로 다가온다.

중요한 점은 이것이 어떤 초월적인 깨달음이나 인격적 도약이 아니라는 것이다. 외상 후 성장은 깨끗하고 아름다운 변화가 아니다.

그저 상처를 통과한 뒤에야 흔들린 세계 위에서 다시 방향을 잡으려는 과정 속에서, 관점이 조금 이동하는 일에 가깝다.

괜찮다는 말이 너무 빠를 때

한 가지 중요하게 짚고 넘어가야 할 부분이 있다. 외상 후 성장에 대해 이야기할 때, 우리는 종종 이런 말을 듣곤 한다.

"이 경험 덕분에 더 강해졌어요."

"그래도 다 의미 있었어요."

이 말들은 위로처럼 들리고, 실제로 말하는 사람 역시 거짓을 말하고 있는 것은 아닐 수 있다. 하지만 최근 연구들은 이 지점에서 한 가지 중요한 질문을 던진다. 이것은 실제로 삶이 바뀐 결과일까, 아니면 그렇게 느끼고 싶은 이야기일까?

앤드류 볼즈(Andrew Boals)는 외상 후 성장 연구를 비판적으로 검토하며, 많은 사람들이 보고하는 성장의 상당 부분이 '환상적 외상 후 성장(illusory posttraumatic growth)'일 가능성을 제기한다[82].

많은 연구들이 외상 이후 얼마나 성장했는가를 묻지만, 이것은 실제 변화가 아니라 지각된 변화, 즉 성장했다고 느끼는 상태를 측정할 뿐이라는 것이다.

허구적 성장은 거짓말도 아니고, 방어적인 자기기만도 아니다. 오히려 외상 이후 매우 자연스럽게 나타나는 심리적 적응 반응이다.

외상은 통제감과 일관된 세계관을 무너뜨린다. 사람은 이 혼란을 견디기 위해 '그래도 얻은 게 있다', '이 경험이 나를 더 단단하게 만들었다'는 서사를 만든다. 이는 병리가 아니라, 무너진 마음을 다시 안정시키기 위한 시도다.

문제는 이 서사가 너무 빠르게 굳어질 때 생긴다. 충분한 수용과 정서 처리가 이루어지기 전에 성장 이야기가 먼저 완성되면, 고통은 사라지는 대신 덮인다.

환상적 성장의 특징은 바로 여기서 드러난다. 고통의 구체성이 사라지고, 분노와 슬픔, 상실감 같은 감정은 말해지지 않는다. 대신 "이제는 다 괜찮다"는 요약만 남을 뿐이다.

여기에 사회적, 문화적 압력도 더해진다. '고통은 사람을 성장시킨다', '이 정도를 겪었으면 달라졌어야 하지 않나'라는 암묵적인 기대 말이다. 볼즈는 이를 '성장해야 한다는 압박(growth imperative)'이라고 부른다. 이 압박은 성장을 보고하도록 만들고, 동시에 아직 아프다는 말을 하기 어렵게 만든다.

결국 온전히 자신의 상처를 치유하지 못한 채 옆에 보이는 천으로 상처가 보이지 않도록 덮어둔 것일 수 있다.

외상을 겪었다고 해서 반드시 성장할 필요는 없다. 아무런 의미를 찾지 못했어도, 이전보다 더 단단해졌다고 느끼지 못해도, 그것은 실패가 아니다. 때로는 성장하지 않는 것이 오히려 더 정직한 회복일 수 있다.

볼즈는 여기서 한 걸음 더 나아가 말한다. 진짜 외상 후 성장은 존재하지만, 드물다. 말이나 느낌의 변화가 아니라, 시간이 지나도 유지되는 삶의 구조적 변화에서만 확인된다. 관계 방식이 실제로 달라지고, 삶의 우선순위에 따라 선택이 바뀌고, 생활 방식이 조정되는 변화다. 이런 변화는 시간과 에너지, 그리고 상당한 정서적 작업을 요구한다.

그렇기에 많은 사람에게 보다 현실적인 목표는 성장이 아니라 회복일 수 있다. 외상을 이해하고, 지금의 나를 받아들이며, 일상을 살아갈 수 있는 힘을 회복하는 것 정도면 충분하다.

어떤 사람에게는 성장보다 안정이, 의미보다 지속 가능함이 더 중요하다. 오늘을 견딜 수 있고, 내일을 다시 시작할 수 있는 상태. 그것만으로도 이미 회복에 가깝다.

회복은 성취가 아니다. 도달해야 할 단계도, 증명해야 할 결과도 아니다. 회복이란 계속 살아갈 수 있게 되는 상태다. 그리고 그 상태에 이르렀다면, 더 많은 것을 요구하지 않아도 된다.

상처 입은 경험조차 내 삶의 서사가 될 수 있을 때, 우리는 비로소 회복 그 이후의 삶으로 들어선다. 더 나아진 사람이 아니라, 계속 살아가는 사람으로서 말이다.

5부
바른 마음이란

1장 옳은 마음이 아닌, 잘 기능하는 마음

우리는 흔히 마음에도 정답이 있다고 믿는다. 바른 마음이라고 생각하면 흔히 도덕적으로 생각하기 쉽다. 언제나 마음은 선해야 하고, 감정은 부정적이어서는 안되고, 그 상태가 되지 못하면 미숙하다고 여긴다.

학생으로서 공부를 잘 해야 하고, 언니나 선배로서 모범이 되어야 해. 하기 싫은 마음이 드는 건 잘못된 거야. 네가 게을러서 그래. 힘들어도 다른 사람에게 티를 내서는 안 돼. 부정적인 감정을 느끼는 것은 좋지 않아.

이렇게 끊임없이 내 스스로에게 '~해야 한다'는 주문을 건다. 이런 생각들은 처음에는 우리를 바르게 다잡는 말처럼 보인다. 하지만 어느 순간부터 이 말들은 하나둘씩 쌓여 짐이 되고, 우리는 부담이라는 수레바퀴 아래 깔려 나아가지 못하게 막는다.

마음이 힘들어질수록 우리는 상황을 살피기보다 스스로가 틀리지는 않았는지 평가하는 데 더 많은 에너지를 쓴다.

나는 왜 이 정도도 못 버티지?

이런 생각을 하는 건 나쁜 거야.

더 잘했어야 했는데.

그때 내가 왜 이런 말을 했었지?

이런 내면의 목소리는 우리를 옳은 상태에 붙잡아 둔다.

하지만 우리 자신에게 다시 한 번 물어보자. 이런 옳은 소리들이 정말 옳았던 적이 많았을까? 옳은 소리, 입바른 소리들이 역설적으로 우리를 회복시키지 못하도록 막았던 적은 없었나?

논리적으로는 맞을지 몰라도, 실제 삶에서는 오히려 우리를 병들게 만들 수 있다. 이 생각이, 혹은 이 마음이 옳은지를 스스로 묻다 보면 계속해서 틀린 점만을 발견하며 자기 비난으로 빠질 수밖에 없기 때문이다.

우리는 옳음이라는 기준에서 고개를 돌려 다른 기준을 찾을 필요가 있다. '이 생각이 옳은가?' 대신 '이 생각이 지금 나에게 도움이 되는가?'를 한 번 물어보자.

심리학은 마음을 도덕적 기준으로 평가하지 않는다. 대신 그 마음이나 생각이 생긴 맥락을 봐야 한다. 어떤 생각이나 감정이 지금 이 상황에서, 이 사람에게, 이 삶의 방향 안에서 어떤 기능을 하는지를 묻는다.

예를 들어, 우리는 흔히 부정적인 감정은 전이되기 때문에 드러내면 안 된다고 학습해왔다. 나의 우울이 상대를 힘들게 할 수도 있고, 우울한 모습을 보이는 것은 나약한 것이라고 생각하기도 한다. 그래서 우울감이나 불안을 느끼면 억제하려 한다.

하지만 모든 상황에서 감정을 숨기는 것이 정말로 기능적일까? 비슷한 고민을 가진 동료와 속상한 감정을 나누는 것은 오히려 우리의 마음을 가볍게 하고, 다시 움직일 힘을 주는 경우도 있다. 나만 그런 게 아니라는 생각도 든다.

혹은 굳이 다른 이에게 자신의 감정을 털어놓지 않더라도 우울해지는 경험 자체가 완전히 나쁜 것이 아닐 수도 있다. 우울은 잠시 속도를 늦춰 그동안 달려오면서 놓쳤던 나의 마음을 돌아볼 수 있게 하고, 돌봄과 휴식이 필요하다는 신호를 알아차리도록 돕는다는 점에서 기능적일 수도 있다.

중요한 것은 균형이다. 우울이 오래 지속되어 삶을 멈추게 할 때는 도움이 되지 않지만, 짧은 우울이 나를 정비하고 재정렬하게 한다면 그것은 나름의 기능을 하고 있는 셈이다.

모든 맥락에서 '옳은 마음'이 따로 있는 것은 아니다. 그 순간, 그 마음이 나에게 어떤 역할을 하고 있는지가 더 중요하다.

3부에서 살펴보았던 알로스타 부하나 4부에서 살펴보았던 수용의 창 역시 이런 주장에 뒷받침될 수 있다. 항상성을 다시 찾을 수 있도록 스트레스를 겪은 이후 충분한 회복의 시간을 갖는 것, 그리고 과각성과 저각성에서 벗어나 온전히 기능할 수 있는 수용의 창으로 들어오는 것은 기능의 의미를 보여준다.

우리가 자신을 비난할 때, 물론 그 내용이 사실일 수 있다. 정말 게을렀을 수 있고, 나의 잘못일 수 있으며, 더 열심히 했다면 더 좋은 성과를 얻었을 수 있다.

옳고 그름의 관점에서 본다면 이 말들은 틀리지 않을지도 모른다. 하지만 4부에서 살펴본 자기자비의 관점에서 보면, 더 중요한 질문은 따로 있다.

이 생각이 나를 다시 일어서게 하는가?

자기 비난은 종종 채찍질을 통해 동기를 부여하는 것처럼 보이지만, 실제로는 행동과 마음을 멈추게 한다. 나를 몰아세우지 않을 때 삶이 앞으로 나아가지 않는다면, 그 비난은 더 이상 바른 마음이라고 할 수 없다.

바른 마음은 언제나 성숙하고 도덕적으로 흠 없는 상태를 말하는 게 아니다. 완벽한 태도를 유지하는 것도 아니다. 부정적인 마음 없이 언제나 긍정적인 마음만을 강하게 가지고 있는 것도 아니다.

오히려 바른 마음은 불완전한 상태에서도 다시 균형을 찾아 움직일 수 있게 하는 마음이다. 그 속에서 기능을 찾는 것이 중요하다.

그래서 이 책이 말하는 바른 마음에 대한 첫 번째 정의는 결점이 없는 옳은 마음이 아니라, 나를 살게 하고 움직이게 하는 '잘 기능하는 마음'이다.

옳은 마음에 집착하는 사람은 자기 안의 부정적인 감정을 제거해야 하는 대상으로 다룬다. 반면 잘 기능하는 마음을 가진 사람은 그 부정 정서를 행동과 변화의 신호로 읽을 수 있다.

불안이 찾아왔을 때 '불안해하면 안 돼'하고 저항하는 대신, '아, 내가 이 일을 중요하게 여기고 있구나. 잘 하고 싶은 마음이 커서 긴장하고 있네'라고 알아차리는 것이다. 또 슬픔이 밀려올 때 '이런 감정은 약한 거야. 빨리 극복해야 해'라고 밀어내는 대신, '지금 내가 조금 힘들구나. 잠시 멈춰서 조금만 쉬었다가 갈까?'라고 이해할 수 있다.

이러한 차이는 사소해 보이지만, 삶을 대하는 태도를 완전히 바꾼다. 바른 마음은 옳고 그름을 가르는 심판이 아니라 삶을 계속 이어가게 하는 기능이다.

2장 평온한 마음이 아닌, 잘 회복하는 마음

우리는 흔히 바른 마음을 아무런 파도가 일지 않는 고요한 호수에 비유하곤 한다. 마음속에 스트레스도 없고, 고통이나 갈등도 없으며, 부정적인 감정이 올라오지 않는 안정된 상태를 이상적인 목표로 삼는다. 그래서 마음에 작은 파동만 생겨도 '내 마음이 왜 이럴까?', '어떻게 하면 다시 평온해질까?' 하며 당황한다.

바른 마음을 '정지된 평온'으로 정의하는 순간, 우리는 작은 흔들림 앞에서도 스스로를 실패자나 문제 있는 사람으로 규정하게 된다. 이때 흔들림은 나약함이 되고, 실패가 된다.

'이제 괜찮아야지', '언제까지 힘들 거야' 이 말들은 위로처럼 들리지만, 사실은 흔들림을 허용하지 않는 폭력에 가깝다.

우리는 타인이 힘들어할 때는 충분히 쉬고 회복하라고 말하면서도, 정작 내 마음이 아플 때는 정반대로 행동한다. 스스로를 돌보기보다 나약해서 그렇다며 오히려 다그친다. 흔들리면 안 되고, 약해지면 안 된다고 믿는다.

하지만 마음은 본래 흔들릴 수밖에 없다. 흔들리지 않으려고 애쓰는 노력이 단기적으로는 효과가 있어 보일지 몰라도, 장기적으로는 큰 비용을 치른다. 평온함에 대한 집착은 오히려 독이 되는 것이다.

파도를 억지로 누르려 할수록, 즉, 부정적인 감정들을 억제하고 정서적 회피를 할수록 우리 몸과 마음의 조절 시스템은 과도한 에너지를 소모한다. 아직 괜찮다고, 더 버틸 수 있다고 스스로를 설득하며 버티다가 어느 순간 한계점에 도달하고, 그렇게 예고 없이 번아웃과 무기력에 빠지게 된다.

겉으로는 평온해 보일 수 있지만 그 평온은 대개 누더기로 덮어둔 상태에 가깝다. 점점 더 경직된 방식으로 변해가고, 마음은 회복되지 못한 채 내부에서 긴장이 차곡차곡 쌓이게 된다.

평온을 유지하려 했던 노력이 아이러니하게도 회복을 방해하는 요인이 되는 것이다. 항상성을 지키기 위해 애쓰던 마음이 오히려 소진을 만들어낸다. 호미로 막을 수 있었던 것을 가래로 막게 되는 셈이다.

이런 맥락에서 바른 마음을 다른 관점에서 살펴볼 필요가 있다.

바른 마음에 대한 두 번째 정의는 흔들리지 않는 마음이 아니라, '흔들려도 다시 돌아올 수 있는 마음'이다.

4부에서 우리는 이를 회복탄력성과 심리적 유연성이라는 개념으로 살펴봤다.

특히 ACT(수용전념치료)는 이 전환을 가장 분명하게 보여준다. ACT의 목표는 고통을 없애는 것이 아니다. 고통과 싸우는 대신, 고통과의 관계를 바꾸는 것이다. 마음은 불편할 수 있고, 아플 수 있다. 그럼에도 불구하고 내가 중요하게 여기는 방향을 향해 한 걸음씩 움직일 수 있다면, 그 마음은 충분히 건강하다.

그래서 ACT는 고통을 제거하는 법이 아니라, 고통과 함께 춤추는 법을 가르친다. 역설적이게도 고통을 밀어내지 않을 때, 우리는 더 빨리 회복할 수 있다.

항상성 또한 단순한 원상 복귀를 의미하지 않는다. 외상 후 성장에서 보았듯이, 시련을 겪은 뒤 우리는 이전과 같은 상태로 돌아가기보다, 다른 새로운 균형점에 도달한다. 폭풍을 지나온 나무의 뿌리가 더 깊어지듯, 마음 또한 상처받기 이전의 과거 모습으로 복원하는 게 아니라 새로운 기준점을 찾는 과정이다.

즉, 회복은 기존 상태로의 리셋이 아니라 조정이다. 예전의 나로 돌아가려 애쓰며 소진되는 것이 아니라, 지금의 조건과 맥락을 고려해 나에게 맞는 속도와 균형을 다시 설정하는 일이다.

요즘 유행하는 말이 있다. '중꺾마'. 중요한 건 꺾이지 않는 마음이라는 뜻이다.

이 말이 처음 나왔을 때 많은 사람들이 이 말을 당연한 진리처럼 받아들였다. 흔들리는 순간에도 다시 이를 악물게 했고, 포기하고 싶은 마음을 붙잡아 주기도 했다.

하지만 이 문장은 동시에 하나의 조건을 달고 있다. 꺾이면 안 되고, 무너지면 안 된다는 것이다. 그래서 우리는 꺾이는 순간, 상황 그 자체뿐만 아니라 꺾여버린 나 자신에 대한 실망으로 인해 더 큰 아픔을 겪는다.

이에 대해 박명수가 기존의 말을 뒤엎고 새롭게 명언을 던졌다.

'중꺾그마' 중요한 건 꺾여도 그냥 하는 마음이다.

박명수의 말이 더 오래 남는 이유는, 이 문장이 강함의 정의를 바꾸기 때문이다. 꺾이는 것 자체는 문제나 실패가 아니다. 마음은 언제든 흔들릴 수 있다. 중요한 것은 꺾이지 않는 마음이 아니라, 꺾였다는 사실을 인정한 채 다시 하루를 살아내는 마음이라는 것이다.

그 흔들림 때문에 하루를 멈출 필요가 없다. 이것이 바로 바른 마음이다.

바른 마음은 파도가 없는 바다가 아니다. 바른 마음은 어떤 파도가 쳐도 완전히 뒤집히지 않고 항해를 이어가는 배다. 우리는 평온을 유지하려 애쓰기보다, 회복의 근력을 키우는 데 더 많은 관심을 기울이고 노력해야 한다.

3장 남이 아닌, 자신을 잘 아는 마음

우리는 종종 어떻게 살아야 하는가에 대한 답을 밖에서 찾는다. 좋은 학교와 직장, 안정적인 커리어, 원만한 인간관계, 남들보다 뒤처지지 않는 성취. 사회가 제시하는 이 표준 경로를 따라가고 있을 때 비로소 마음이 놓인다. 마치 누군가 대신 목적지를 입력해둔 내비게이션을 따라가듯, 정해진 길 위에 있을 때 우리는 안도감을 느낀다.

삶의 운전대를 스스로 쥐고 있다고 생각하지만, 실제로는 외부 기준이 정해준 경로를 벗어나지 않으려 애쓰는 상태다. 이때 우리가 떠올리는 바른 마음이란 대개 남들에게 인정받는 마음, 흠잡을 데 없어 보이는 마음이다.

3부 3장에서 이런 상태를 다루어 보았다. 외부의 기준이 갖는 문제는 이 기준이 고정되어 있지 않다는 데 있다. 사회적 비교는 끝이 없고, 부적응적 완벽주의는 늘 '이 정도는 부족해' 하며 속삭인다. 기준은 계속 높아지고, 우리는 그 기준을 따라잡기 위해 스스로를 밀어붙인다.

실제로 나 역시 대학시절 이런 경험을 많이 했다. 성적을 잘 받기 위해 노력해 좋은 성과를 받았을 때, 그 기쁨을 만끽하는 것도 잠시였고 다른 부족한 점으로 눈을 돌렸다. 다른 친구들은 영어도 잘하고, 책도 많이 읽는 것 같고, 외부 동아리를 하면서 스펙도 쌓고 있는데, 나는 고작 성적만 관리하고 있다고, 그러니 어서 정신 차리고 다른 것들도 노력해야 한다고 스스로를 채찍질했다.

그 결과 내가 잘 하고 있다고 스스로에 대해 만족할 수 없었다. 이런 과정에서 조건부 자존감에 빠지기 쉽다. 잘할 때만 괜찮은 나, 인정받을 때만 가치 있는 나. 그러니 조금만 비교에서 밀리면 마음은 금세 무너졌다. 바른 마음과는 멀어지는 것이다.

이렇게 남의 지도 위에서 길을 찾다 보면, 정작 중요한 질문은 점점 사라진다. 나는 지금 어디에 있는지, 이 길이 정말 내가 가고 싶은 방향인지를 스스로에게 묻지 않는다. 우리는 흔히 '나를 잘 안다'고 말하지만, 실제로는 나를 이해하기보다 평가하고 있다. 그리고 그 평가 기준은 대체로 타인의 시선에 의해 결정된다.

그 결과 만족의 기준은 계속 바깥으로 이동한다. 충분하다는 감각은 사라지고, 자기 신뢰와 충족감이 빠져나간 자리를 불안과 공허감, 자기 비난의 목소리가 대신 채운다. 타인을 기준으로 삼는 삶은 성장의 동력처럼 보이지만, 장기적으로는 자기 소외를 만든다.

아무런 의심 없이 선두에 선 쥐를 따라가다 다같이 낭떠러지로 떨어지는 레밍딜레마 효과처럼, 번아웃에 빠지게 된다.

따라서 우리는 밖을 향해 있던 안테나를 우리 내부로 돌려야 한다. 우리 안으로 시선을 돌릴 때, 비로소 회복이 시작된다. 4부에서 살펴본 내수용감각을 되찾는 것은 그 출발점이다. 우리 몸은 외부의 판단보다 훨씬 빠르고 정직하게 나의 상태를 알려준다.

긴장될 때 조여오는 가슴, 불편한 대화를 나눌 때 쓰리고 답답한 속은 단순한 신체 반응이 아니다. 지금 처한 상황이 내가 가진 가치나 한계와 맞지 않는다는 신호다.

그러니 '남들은 괜찮다는데 왜 나만 힘들까?'라고 비교하는 대신, '남들은 어떨지 몰라도, 지금 내 몸과 마음은 이만큼 힘들다고 말하고 있구나. 이게 내가 감당할 수 있는 한계구나'라고 인정하고 받아들이는 것이 필요하다. 자기 자비이자, 자기 이해의 시작이다.

여기에 감정 입자도가 더해지면, 나에 대한 이해는 훨씬 정교해진다. 우리는 종종 '뭔가 우울해'라고 감정을 한 덩어리로 묶어 버린다.

하지만 '열심히 하려고 노력했는데 원하는 성과를 얻지 못해 속상하구나. 더 잘했어야 했다는 죄책감도 들고, 무엇을 해야 할지 모르겠는 막막함도 함께 있네.' 이렇게 나누어 바라볼 수 있을 때 마음은 조금 가벼워진다.

그 순간 우리는 타인의 시선에서 한 발짝 떨어진다. 막연한 불안은 구체적인 감정으로 드러나는 순간 힘을 잃는다.

온전히 나를 기준으로 살라는 것이 타인을 고려하지 말라는 뜻이 아니다. 자신의 마음을 들여다보지 않은 채 외부에 맞추기만 하는 사람일수록 마음속에는 설명되지 않은 분노가 쌓이고, 관계 안에서 점점 탈진하게 될 뿐이다. 결국 어느 순간 폭발하거나, 그마저도 회피하고 조용히 사라진다.

나를 기준으로 삼는다는 것은, 나를 출발점으로 삼는다는 뜻이다. 내 몸과 마음이 보내는 신호를 무시하지 않은 채 관계에 머무는 것, 나를 버리지 않고 타인과 연결되는 것, 그것이 지속 가능한 관계의 조건이다.

따라서 바른 마음이란 남이 기대하는 내가 아니라, 지금의 나를 정확히 알고 그 자리에서 시작하는 마음이다. 나의 생각, 나의 감정, 나의 욕구, 나의 느낌들을 왜곡 없이 보다 명료하게 인식하며 나를 잃지 않는 것이다. 나라는 존재와 가장 친밀한 협력 관계를 맺는 일에 가깝다.

4장 확실한 마음이 아닌, 유연한 마음

회복은 중요하다. 우리는 흔들리고, 지치고, 때로는 무너진다. 그럴 때마다 다시 일어나 돌아올 수 있어야 한다.

하지만 회복만으로는 충분하지 않을 때가 있다. 우리는 종종 같은 이유로, 같은 방식으로 반복해서 흔들린다. 넘어졌다가 다시 일어나도, 조금만 상황이 바뀌면 또다시 같은 지점에서 발이 걸린다.

왜 그럴까? 어쩌면 우리가 고통을 해석하는 방식이 경직되고 굳어 있기 때문일지도 모른다.

마음이 불안해질수록 우리는 확실함을 원한다. '이게 맞아', '반드시 이렇게 해야 해', '나는 원래 이런 사람이야'

이 문장들은 우리에게 확신과 안정을 준다. 확실한 답을 손에 쥔 것 같고, 이렇게만 하면 더 이상 흔들리지 않을 것처럼 느껴진다. 하지만 3부에서 살펴본 생각의 늪, 특히 반추는 바로 이 확실함에 대한 집착에서 시작됐다.

“왜 그랬을까?”라는 질문을 반복하며 과거의 사건에 대한 명확한 설명을 찾으려고 애쓴다. 답을 찾으면 마음이 편해질 것처럼 느껴진다. 하지만 실제로는 똑같은 생각 안에서 벗어나지 못한 채 맴돌 뿐이다.

확실함은 불안을 잠시 낮춰준다. 판단을 단순하게 만들고, 모호함을 밀어낸다. 그러나 그 대가로 우리는 하나의 해석에 고정된다. 선택지는 줄어들고, 행동 반경은 좁아진다. 확실해야 안전하다고 믿는 순간, 불확실성으로 인해 마음은 오히려 더 쉽게 다치곤 한다. 확실함은 그 자체로 안정된 것이 아니라, 불확실성을 견디지 못할 때 나타나는 방어일 수 있다.

우리가 가장 힘들어지는 순간은 생각이 단순한 관점이 아니라 사실이 될 때다. ‘나는 실패자야’, ‘이 감정은 없어져야 해’, ‘지금 흔들리면 안 돼.’

이때 생각은 설명을 넘어 정체성이 된다. 생각과 내가 겹쳐지고, 생각과 현실이 분리되지 않는다. 이 상태에서는 다른 해석이 들어올 틈이 없다. 생각을 반박하려 들면 더 커지고, 없애려 하면 더 집요해진다. 그래서 우리는 점점 더 확실한 답을 찾으려 하고, 그럴수록 마음은 더 경직된다.

이 지점에서 중요한 전환이 필요하다. 우리는 흔히 마음을 다루는 일을 '생각을 바꾸는 것'으로 오해한다. 부정적인 생각이 들면 긍정적으로 생각하라고 스스로를 설득하고, 옳지 않은 생각은 고쳐야 한다고 믿는다. 하지만 생각과 싸우는 방식은 대부분 실패한다. 3부에서 보았듯, 생각을 통제하려는 시도는 반추와 자기비난을 강화한다.

심리적 유연성의 핵심은 전혀 다른 데 있다. 생각의 내용을 바꾸는 것이 아니라, 생각과의 관계를 바꾸고, 생각을 붙잡는 방식을 바꾸는 것이다.

이 관점에서 중요한 개념이 바로 인지적 탈융합이다. 생각을 없애거나 바꾸려는 게 아니라, 그 생각이 나 자신이나 절대적인 진리를 설명한다는 착각에서 한 발짝 물러나는 연습이다.

'나는 실패자야'라는 생각이 들 때, 그 문장을 사실로 받아들이는 대신 "지금 '나는 실패자야'라는 생각이 떠오르고 있구나" 하고 말해보자. 이게 도움이 될지 의문을 가질 수 있지만, 이렇게 생각과 현실의 거리두기를 의식적으로 반복하는 것은 분명 도움을 줄 것이다.

말 한마디가 바뀌었을 뿐인데, 우리 마음의 풍경은 달라질 수 있다. 생각은 여전히 존재하지만, 그 생각이 나를 전부 규정하지는 않는다. 생각과 나 사이에 아주 작은 공간이 생긴다. 그 공간 덕분에 우리는 부정적인 생각이 들어도 그에 끌려가거나 사라질 때까지 기다릴 필요 없이 여전히 삶을 살아갈 수 있다.

반추는 생각 안으로 빨려 들어가 같은 해석을 끊임없이 반복하느라 시간과 에너지를 소진하지만, 탈융합은 생각을 바깥에서 바라본다. 이 차이는 사소해 보이지만, 나 자신과 나의 삶을 대하는 태도를 근본적으로 바꿀 수 있다.

유연한 마음이란 어떤 상황에서도 '이것만이 정답이다'라고 고집하지 않는 상태다. 우유부단하거나 기준 없는 마음이 아니다. 오히려 상황은 변하고, 맥락은 달라지는 과정에서 지금 이 순간 가능한 다른 관점이 있는지를 살펴볼 수 있는 것이다.

방향은 유지하되, 경로와 속도는 상황에 맞게 조정한다. 이 조정 능력은 생물학적 관점에서 말하는 알로스테시스와도 닮아 있다. 환경이 바뀔 때 기준점을 미세하게 바꾸며 균형을 유지하는 능력이다. 마음 역시 고정된 상태를 지키는 것이 아니라, 변화에 맞춰 기준을 재설정할 때 더 건강하게 작동한다.

그래서 이 책에서 말하는 바른 마음의 네 번째 모습은 확신을 움켜쥔 단단한 바위가 아니다. 바위는 강해 보이지만, 한 번 금이 가면 쉽게 깨진다. 반면 물은 어떤 그릇에도 담기고, 장애물을 만나면 흐름을 바꾼다. 형태는 달라져도 흐름은 멈추지 않는다.

바른 마음 역시 그렇다. 이 생각이 맞다는 확신, 이렇게 해야 한다는 확신에 매달리기보다, 지금 이 상황에서 생각이 나를 어디로 데려가는지를 살필 수 있어야 한다.

그리고 상황과 맥락에 따라 사고의 형태는 유연하게 달라질 수 있다. 하지만 내가 중요하게 생각하는 가치를 향해 전념하려는 우리의 행동은 멈추지 않고 이어간다. 이런 유연한 마음이 바른 마음일 수 있다.

5장 의지를 대신하는 시스템적 마음

우리는 실패할 때마다 비슷한 말을 반복한다.

"내가 의지가 부족해서 그래."

"이번엔 진짜 마음먹었어야 했는데."

"다음엔 더 단단해져야지."

마음이 흐트러졌을 때, 계획이 무너졌을 때, 거의 자동적으로 자신을 탓한다. 집중하지 못한 것도, 미루게 된 것도, 또다시 같은 선택을 한 것도 모두 의지의 문제로 해석한다.

당장의 유혹에 넘어가면 자제력이 없다고 스스로를 나무란다. 그래서 다음 번에는 더 강한 결심을 세운다. 더 엄격한 규칙을 만들고, 더 높은 기준을 세운다.

버티면 성실한 사람, 무너지면 나약한 사람 같이 우리는 의지를 기준으로 자신을 평가한다. 그럼에도 어느 날 갑자기 의지가 길러지는 것이 아니기에, 의지만 탓한다고 해서 달라지는 것은 없다. 그렇게 작심삼일로 끝나고 자책만 할 뿐이다.

하지만 3부에서 살펴본 산만한 마음은 우리에게 다른 이야기를 들려준다. 우리는 늘 의지가 약해서 흔들리는 것이 아니다. 오히려 너무 많은 자극 속에서, 너무 많은 선택 앞에서, 의지에 과도하게 의존하도록 설계된 삶을 살고 있을 뿐이다. 목표를 방해하는 자극은 점점 더 강해지고, 선택해야 할 것은 늘어나고, 주의는 끊임없이 분산된다. 이런 환경에서 흔들리는 것은 당연한 결과일 수 있다.

3부에서 다룬 목표 차폐 실패와 과도한 미래가치 폄하 효과는 이를 잘 보여준다. 먼 미래의 중요한 목표보다, 지금 당장 손에 잡히는 보상이 더 크게 느껴지는 것은 개인의 성격 문제가 아니라 인간의 기본적인 특성이다. 그럼에도 우리는 이 실패를 늘 개인의 결함으로 돌린다.

그로 인해 실패는 곧 자기비난으로 이어진다. '나는 왜 이 정도도 못 참지?', '남들은 다 하는데 왜 나만 이럴까?' 이런 비난들은 문제를 해결하기보다 우리 마음을 더 소진시킨다. 그리고 우리는 또다시 의지라는 이름의 채찍을 들게 된다.

심리학은 오래전부터 의지가 무한하지 않다는 사실을 반복해서 보여주었다. 의지는 피로나 스트레스, 감정 노동, 의사결정이나 인지적 부하의 양에 따라 쉽게 고갈된다. 하루 종일 감정을 조절하고, 수많은 선택을 하고, 역할에 맞는 태도를 유지하다 보면 남은 자원은 많지 않다.

이 상태에서 '좀 더 참아야지', '마음 단단히 먹어야지'라고 다짐하는 것은, 이미 바닥난 배터리에 다시 한 번 전원을 켜보는 것과 비슷하다. 의지가 약해진 것이 아니라, 의지가 버티기에는 너무 많은 것을 혼자 떠안고 있었던 것일 수 있다.

하지만 이렇게 의지에만 기대는 삶은 오래가지 못한다. 소진되고, 번아웃에 이르게 될 뿐이다. 이 악순환은 개인의 마음가짐을 바꾸는 것만으로는 끊기 어렵다.

여기서 우리는 관점을 바꿀 필요가 있다. 문제는 '내가 얼마나 강한 마음을 가졌는가'가 아니라, '내가 어떤 구조 속에서 살아가고 있는가'다. 바른 마음이란 매번 이겨내는 마음이 아니다. 애초에 싸움이 없도록 환경의 시스템을 설계하는 마음이다.

우리는 매일 수많은 결정을 자동적으로 내린다. 무엇을 볼지, 무엇을 먹을지, 언제 쉬고 언제 일할지, 매 순간이 결정이다. 이 선택들은 대부분 의식적인 결심보다 환경과 맥락의 영향을 더 크게 받는다.

의지로 버티는 삶은 매일 전투를 치르는 삶이다. 반면 시스템을 설계하는 삶은 전투의 횟수 자체를 줄인다. 무엇을 더 참아야 할지

고민하고 애쓸 필요 없이, 굳이 참지 않아도 자연스럽게 원하는 행동을 할 수 있도록 만드는 것이 중요하다.

4부에서 우리는 삶의 의미에 대해 다루었다. 의미는 고통을 견디게 하는 힘이 될 수 있다. 하지만 의미가 생각에만 머물러 있을 때, 그 힘은 쉽게 약해진다. 의미가 실제 삶을 지탱하려면, 구조가 되어야 한다.

건강이 중요하다는 생각만으로는 운동이 지속되지 않는다. 하지만 운동이 일상의 동선 안에 들어오면 이야기는 달라진다. 공부가 중요하다는 가치 역시, 자연스럽게 책상에 앉아 책을 펴는 리듬이 만들어질 때 비로소 힘을 갖는다.

의미는 다짐으로만 머무를 때는 약하지만, 반복되는 선택을 조직할 때 강해진다.

이 책이 말하는 시스템적 마음은 나를 통제하려는 마음이 아니다. 오히려 나를 보호하는 구조를 만들려는 태도다. 따라서 실패에 대해서 개인의 결함으로 해석하기보다, '이 선택이 이렇게 어려웠던 이유는 무엇일까?', '이 환경에서 버티는 것이 정말 가능했을까?'를 물을 수 있어야 한다.

그리고 구조를 조정한다. 에너지가 가장 낮은 시간대에 중요한 결정을 배치하지 않고, 불필요한 유혹이 눈에 띄지 않도록 환경을 바꾼다. 의지가 필요한 순간을 줄이고, 자동적으로 흘러가도 괜찮은 방향을 만든다.

이 마음은 5부 앞선 장들과도 연결된다. 자신을 아는 마음이 있어야 어떤 환경이 나를 소진시키는지 알 수 있고, 유연한 마음이 있어야 구조를 바꿀 여지가 생기며, 회복하는 마음이 있어야 무너져도 다시 돌아올 자리가 마련된다. 그리고 이 모든 것들이 나에게 도움이 되고 기능적이어야 한다.

시스템은 거창할 필요가 없다. 오히려 작을수록 지속 가능하다. 결심을 추가하기보다 기본값을 바꾼다. 손에 닿는 것, 자주 보이는 것이 행동을 결정한다.

그리고 무엇보다 의지를 시험할 상황을 줄이는 것이 핵심이다. 핸드폰 하지 말고 공부해야 한다고 다짐하기보다, 핸드폰을 책상에서 멀리 치워 애초에 하기 어렵도록 환경을 만드는 것이다.

좋은 시스템은 의지를 요구하지 않는다. 의지가 없어도 작동할 수 있다.

따라서 이 책이 말하는 바른 마음의 다섯 번째 모습은 매번 나를 채찍질하는 마음이 아니라, 나를 지켜주는 삶의 구조를 내게 맞는 방식으로 가꾸어가는 마음이다.

바른 마음을 '나의 성품'이 아닌 '내가 만든 환경의 결과'로 재정의하자. 나를 믿는 대신 내가 만든 시스템을 믿을 때, 우리는 비로소 자책에서 벗어나 지속 가능한 성장을 이룰 수 있다.

지금까지 우리는 잘 기능하는 마음, 잘 회복하는 마음, 자신을 아는 마음, 유연한 마음에 대해 이야기해왔다. 1장부터 4장까지 살펴보았던 모든 마음의 원리들을 내 삶의 자동적인 시스템으로 편입시키는 것, 그것이 이 책이 지향하는 다섯 번째 바른 마음이다. 시스템적 마음은 이 모든 마음이 지속될 수 있도록 받쳐주는 기반이 되어줄 것이다.

에필로그

이 책에서 말하고자 하는 바는 결국 하나의 질문으로 돌아오게 된다.

"우리가 회복해야 할 바른 마음이란 무엇일까?"

우리는 오랫동안 바른 마음을 가지라고 스스로를 다그쳐왔다. 옳은 마음, 흔들림 없이 강한 마음을 가져야 한다고 믿어왔다. 하지만 이 책에서는 이와는 다른 관점으로 바른 마음을 재정의하고자 했다.

니체는 이렇게 말한다.

"자신을 대단치 않은 인간이라 폄하해서는 안 된다.

그 같은 생각은 자신의 행동과 사고를

옭아매려 들기 때문이다.

오히려 맨 먼저 자신을 존경하는 것부터 시작하라.

아직 아무것도 하지 않은 자신을,

아직 아무런 실적을 이루지 못한 자신을

인간으로서 존경하는 것이다.

자신을 존경하면 악한 일은 결코 행하지 않는다.

인간으로서 손가락질 당할 행동 따윈 하지 않게 된다.

그렇게 자신의 삶을 변화시키고

이상에 차츰 다가가다 보면, 어느 사이엔가

타인의 본보기가 되는 인간으로 완성되어 간다.

그리고 그것은 자신의 가능성을 활짝 열어

필요한 능력이 된다.

자신의 인생을 완성시키기 위해

가장 먼저 스스로를 존경하라."

-『초역 니체의 말』[83]

나는 이 말이 바른 마음의 핵심이라고 느꼈다. 우리는 너무 오랫동안 더 나은 나를 기준으로 현재의 자신을 재단해왔다. 자신에 대한 존중과 존경을 조건부로만 허락한다.

무언가를 이루었을 때, 흔들리지 않았을 때, 감정을 잘 다스렸을 때, 타인에게 인정받을 만한 모습일 때에만 자신을 긍정할 자격이 있다고 여긴다. 아직 부족한 나, 아직 회복되지 않은 나, 아직 방향을 찾지 못한 나를 끊임없이 비교하고 비난하고 채찍질해왔다.

그 과정에서 마음은 점점 더 경직되었고, 회복은 더 멀어졌다.

이런 악순환을 멈추기 위해선 무엇을 해야 할까? 더 많은 노력을 들이기 보단, 나의 마음이 어떠해야 하는지에 대한 관점을 바꾸어야 한다.

올바를 필요 없이, 나에게 도움이 되면 된다.

언제나 평온할 필요 없이, 무너져도 다시 회복할 수 있으면 된다.

타인과 외부에 맞출 필요 없이, 스스로를 들여다보면 된다.

늘 분명할 필요 없이, 맥락에 따라 유연하면 된다.

그리고 의지에만 의지할 필요 없이, 나를 지켜주는 환경과 구조를 만들면 된다.

이때 비로소 변화는 고통이 아니라 성장이 된다.

니체의 말처럼, 지금의 나를 고쳐야 할 대상으로 보기 전에, 먼저 인간으로서 자신을 존중하는 것이 필요하다. 아직 아무것도 하지 않은 자신, 아직 증명하지 못한 자신, 심지어 실패하고 머뭇거리는 자신을 먼저 인간으로서 존중하자.

자신을 존경하는 사람은 결국 자기 삶을 파괴하는 방식으로 행동하지 않는다. 무슨 일이 있어도 자신을 함부로 대하고 무너뜨리지 않겠다는 태도를 가질 때, 우리 마음을 회복할 수 있다.

중요한 것은 바른 마음이 한 번의 결심으로 완성되지 않는다는 점이다. 한 끼만 먹고 하루나 일주일, 한달을 버틸 수 없듯, 우리는 기회가 될 때마다 매 순간 다시 바른 마음을 먹어야 한다.

그렇게 매번 먹은 바른 마음들이 쌓여 조금씩 우리 마음을 회복시킨다. 흔들려도 다시 돌아오면 된다. 중요한 건 꺾이지 않는 마음이 아니라 꺾여도 그냥 하는 마음이다.

감사의 말

지도교수님이신 최진영 교수님께 깊이 감사 드립니다. 부족한 점이 많음에도 언제나 한 걸음씩 나아갈 수 있도록 지도해주신 덕분에, 교수님의 가르침을 따라 조금씩 배우고 성장할 수 있었습니다.

연구실의 선후배분들께도 고마운 마음을 남깁니다. 연구의 어려움 속에서도 함께 연구하고 고민하며 논리의 빈틈을 채워가는 과정은 즐거웠습니다.

공부에만 집중할 수 있도록 꾸준한 응원과 지지를 보내주신 부모님과 오빠에게도 감사의 마음을 전합니다.

마지막으로 은사님께 깊은 감사를 드립니다. 머무르거나 안주하지 않도록 늘 새로운 도전과 배움으로 이끌어주신 덕분에 쉽게 포기하지 않을 수 있었습니다. 무엇보다 늘 불안하고 무력했던 저의 마음을 다시 회복할 수 있도록 믿고 격려해주신 것에 진심으로 감사드립니다.

참고문헌

1 Brickman, P. (1971). Hedonic relativism and planning the good society. Adaptation level theory, 287-301.

2 Brickman, P., Coates, D., & Janoff-Bulman, R. (1978). Lottery winners and accident victims: Is happiness relative?. Journal of personality and social psychology, 36(8), 917.

3 Schultz, W., Dayan, P., & Montague, P. R. (1997). A neural substrate of prediction and reward. Science, 275(5306), 1593-1599.

4 Robinson, T. E., & Berridge, K. C. (2008). The incentive sensitization theory of addiction: some current issues. Philosophical Transactions of the Royal Society B: Biological Sciences, 363(1507), 3137-3146.

Berridge, K. C., & Robinson, T. E. (2016). Liking, wanting, and the incentive-sensitization theory of addiction. American Psychologist, 71(8), 670.

5 Rogers, C. R. (1959). A theory of therapy, personality, and interpersonal relationships: As developed in the client-centered framework (Vol. 3, No. 1, pp. 184-256). New York: McGraw-Hill.

6 Winnicott, D. W. (2018). Ego distortion in terms of true and false self. In The

person who is me (pp. 7-22). Routledge.

7 Campbell, J. D., Trapnell, P. D., Heine, S. J., Katz, I. M., Lavallee, L. F., & Lehman, D. R. (1996). Self-concept clarity: Measurement, personality correlates, and cultural boundaries. Journal of personality and social psychology, 70(1), 141.

8 Goode, W. J. (1960). A theory of role strain. American sociological review, 483-496.

9 Ryan, R. M., & Deci, E. L. (2000). Intrinsic and extrinsic motivations: Classic definitions and new directions. Contemporary educational psychology, 25(1), 54-67.

10 Crocker, J., & Wolfe, C. T. (2001). Contingencies of self-worth. Psychological review, 108(3), 593.

11 Ophir, E., Nass, C., & Wagner, A. D. (2009). Cognitive control in media multitaskers. Proceedings of the National Academy of Sciences, 106(37), 15583-15587.

12 Gazzaley, A., & Rosen, L. D. (2016). The distracted mind: Ancient brains in a high-tech world. Mit Press.

13 Cortese, S., Moreira-Maia, C. R., St. Fleur, D., Morcillo-Peñalver, C., Rohde, L. A., & Faraone, S. V. (2016). Association between ADHD and obesity: a systematic review and meta-analysis. American journal of psychiatry, 173(1), 34-43.

14 Zeigarnik, B. (1927). Über das Behalten von erledigten und unerledigten Handlungen. Psychol. Forsch, 9, 1.

15 Amabile, T., & Kramer, S. (2011). The progress principle: Using small wins to ignite joy, engagement, and creativity at work. Harvard Business Press.

16 Bandura, A. (1997). Self-efficacy: The exercise of control. Macmillan.

17 Schultz, W., Dayan, P., & Montague, P. R. (1997). A neural substrate of

prediction and reward. Science, 275(5306), 1593-1599.

18 American Psychiatric Association. (2022). Diagnostic and Statistical Manual of Mental Disorders (5th ed., Text Revision). Washington, DC: American Psychiatric Association.

19 Beck, A. T. (1967). Depression: Clinical, experimental, and theoretical aspects. Haper & Row.

Beck, A. T., Rush, A. J., Shaw, B. F., Emery, G., DeRubeis, R. J., & Hollon, S. D. (2024). Cognitive therapy of depression. Guilford Publications.

아론 벡. (2005). 우울증의 인지치료. (원호택 역). 학지사.

20 Nolen-Hoeksema, S., Wisco, B. E., & Lyubomirsky, S. (2008). Rethinking rumination. Perspectives on psychological science, 3(5), 400-424.

21 Nolen-Hoeksema, S. (1991). Responses to depression and their effects on the duration of depressive episodes. Journal of abnormal psychology, 100(4), 569.

22 Treynor, W., Gonzalez, R., & Nolen-Hoeksema, S. (2003). Rumination reconsidered: A psychometric analysis. Cognitive therapy and research, 27(3), 247-259.

23 Joormann, J., & D'Avanzato, C. (2010). Emotion regulation in depression: Examining the role of cognitive processes: Cognition & Emotion Lecture at the 2009 ISRE Meeting. Cognition and Emotion, 24(6), 913-939.

24 Seligman, M. E., Abramson, L. Y., Semmel, A., & Von Baeyer, C. (1979). Depressive attributional style. Journal of abnormal psychology, 88(3), 242.

Abramson, L. Y., Seligman, M. E., & Teasdale, J. D. (1978). Learned helplessness in humans: critique and reformulation. Journal of abnormal psychology, 87(1), 49.

25 Steven C. Hayes, Strosahl, K. D., & Wilson, K. G. (1999). Acceptance and Commitment Therapy: An Experiential Approach to Behavior Change. Guilford Press.

26 Hayes, S. C., Wilson, K. G., Gifford, E. V., Follette, V. M., & Strosahl, K. (1996). Experiential avoidance and behavioral disorders: A functional dimensional approach to diagnosis and treatment. Journal of consulting and clinical psychology, 64(6), 1152.

27 Gross, J. J. (1998). The emerging field of emotion regulation: An integrative review. Review of general psychology, 2(3), 271-299.

28 Gross, J. J., & Levenson, R. W. (1997). Hiding feelings: the acute effects of inhibiting negative and positive emotion. Journal of abnormal psychology, 106(1), 95.

29 Wegner, D. M. (1994). Ironic processes of mental control. Psychological review, 101(1), 34.

30 Cribb, G., Moulds, M. L., & Carter, S. (2006). Rumination and experiential avoidance in depression. Behaviour change, 23(3), 165-176.

Kashdan, T. B., Barrios, V., Forsyth, J. P., & Steger, M. F. (2006). Experiential avoidance as a generalized psychological vulnerability: Comparisons with coping and emotion regulation strategies. Behaviour research and therapy, 44(9), 1301-1320.

31 Richards, J. M., & Gross, J. J. (1999). Composure at any cost? The cognitive consequences of emotion suppression. Personality and Social Psychology Bulletin, 25(8), 1033-1044.

32 Gross, J. J., & Levenson, R. W. (1997). Hiding feelings: the acute effects of inhibiting negative and positive emotion. Journal of abnormal psychology,

106(1), 95.

33 Richards, J. M., & Gross, J. J. (1999). Composure at any cost? The cognitive consequences of emotion suppression. Personality and Social Psychology Bulletin, 25(8), 1033-1044.

34 Richards, J. M., & Gross, J. J. (2000). Emotion regulation and memory: the cognitive costs of keeping one's cool. Journal of personality and social psychology, 79(3), 410.

35 Srivastava, S., Tamir, M., McGonigal, K. M., John, O. P., & Gross, J. J. (2009). The social costs of emotional suppression: a prospective study of the transition to college. Journal of personality and social psychology, 96(4), 883.

36 Arlie Russell Hochschild (1983). The Managed Heart: Commercialization of Human Feeling. University of California Press.

37 Wagner, D. T., Barnes, C. M., & Scott, B. A. (2014). Driving it home: How workplace emotional labor harms employee home life. Personnel Psychology, 67(2), 487-516.

38 Hewitt, P. L., & Flett, G. L. (1991). Perfectionism in the self and social contexts: conceptualization, assessment, and association with psychopathology. Journal of personality and social psychology, 60(3), 456.

39 헤이든 핀치. (2022). 게으른 완벽주의자를 위한 심리학. (이은정 역). 시크릿하우스

40 Hill, A. P., Mallinson-Howard, S. H., & Jowett, G. E. (2018). Multidimensional perfectionism in sport: A meta-analytical review. Sport, Exercise, and Performance Psychology, 7(3), 235.

41 Frost, R. O., Marten, P., Lahart, C., & Rosenblate, R. (1990). The dimensions of perfectionism. Cognitive therapy and research, 14(5), 449-468.

42 Festinger, L. (1954). A theory of social comparison processes. Human

relations, 7(2), 117-140.

43 Mussweiler, T. (2003). Comparison processes in social judgment: mechanisms and consequences. Psychological review, 110(3), 472.

44 Deci, E. L., & Ryan, R. M. (2000). The" what" and" why" of goal pursuits: Human needs and the self-determination of behavior. Psychological inquiry, 11(4), 227-268.

45 Vogel, E. A., Rose, J. P., Roberts, L. R., & Eckles, K. (2014). Social comparison, social media, and self-esteem. Psychology of popular media culture, 3(4), 206.

46 Tesser, A. (1988). Toward a self-evaluation maintenance model of social behavior. In Advances in experimental social psychology (Vol. 21, pp. 181-227). Academic Press.

47 Crocker, J., & Wolfe, C. T. (2001). Contingencies of self-worth. Psychological review, 108(3), 593.

48 Shah, J. Y., Friedman, R., & Kruglanski, A. W. (2002). Forgetting all else: on the antecedents and consequences of goal shielding. Journal of personality and social psychology, 83(6), 1261.

49 Fishbach, A., & Shah, J. Y. (2006). Self-control in action: implicit dispositions toward goals and away from temptations. Journal of personality and social psychology, 90(5), 820.

50 Frederick, S., Loewenstein, G., & O'donoghue, T. (2002). Time discounting and time preference: A critical review. Journal of economic literature, 40(2), 351-401.

51 Ainslie, G. (1975). Specious reward: a behavioral theory of impulsiveness and impulse control. Psychological bulletin, 82(4), 463.

52 Sterling, P. (2012). Allostasis: a model of predictive regulation. Physiology & behavior, 106(1), 5-15.

53 McEwen, B. S. (1998). Protective and damaging effects of stress mediators. New England journal of medicine, 338(3), 171-179.

54 Guidi, J., Lucente, M., Sonino, N., & Fava, G. A. (2020). Allostatic load and its impact on health: a systematic review. Psychotherapy and psychosomatics, 90(1), 11-27.

McEwen, B. S. (1998). Stress, adaptation, and disease: Allostasis and allostatic load. Annals of the New York academy of sciences, 840(1), 33-44.

55 Maslach, C., & Leiter, M. P. (2000). The truth about burnout: How organizations cause personal stress and what to do about it. John Wiley & Sons.

56 Critchley, H. D., & Garfinkel, S. N. (2017). Interoception and emotion. Current opinion in psychology, 17, 7-14.

57 Khalsa, S. S., Adolphs, R., Cameron, O. G., Critchley, H. D., Davenport, P. W., Feinstein, J. S., ... & Zucker, N. (2018). Interoception and mental health: a roadmap. Biological psychiatry: cognitive neuroscience and neuroimaging, 3(6), 501-513.

58 Dunn, B. D., Galton, H. C., Morgan, R., Evans, D., Oliver, C., Meyer, M., ... & Dalgleish, T. (2010). Listening to your heart: How interoception shapes emotion experience and intuitive decision making. Psychological science, 21(12), 1835-1844.

59 Critchley, H. D., & Garfinkel, S. N. (2017). Interoception and emotion. Current opinion in psychology, 17, 7-14.

Schuette, S. A., Zucker, N. L., & Smoski, M. J. (2021). Do interoceptive accuracy and interoceptive sensibility predict emotion regulation?. Psychological Research, 85(5), 1894-1908.

Füstös, J., Gramann, K., Herbert, B. M., & Pollatos, O. (2013). On the embodiment of emotion regulation: interoceptive awareness facilitates reappraisal. Social cognitive and affective neuroscience, 8(8), 911-917.

60 Siegel, D. J. (1999). The developing mind: Toward a neurobiology of interpersonal experience. Guilford Press.

61 Barrett, L. F. (2017). How emotions are made: The secret life of the brain. Houghton Mifflin Harcourt.

리사 펠드먼 배럿(2017). 감정은 어떻게 만들어지는가? (최호영 역). 생각연구소

62 Neff, K. (2011). Self-Compassion: The Proven Power of Being Kind to Yourself. William Morrow

크리스틴 네프. (2016). 러브유어셀프. (서광스님, 이경욱 역). 이너북스

63 Neff, K. (2003). Self-compassion: An alternative conceptualization of a healthy attitude toward oneself. Self and identity, 2(2), 85-101.

64 MacBeth, A., & Gumley, A. (2012). Exploring compassion: A meta-analysis of the association between self-compassion and psychopathology. Clinical psychology review, 32(6), 545-552.

65 Neff, K. (2003). Self-compassion: An alternative conceptualization of a healthy attitude toward oneself. Self and identity, 2(2), 85-101.

66 Fonagy, P., & Allison, E. (2014). The role of mentalizing and epistemic trust in the therapeutic relationship (Vol. 51, No. 3, p. 372). Educational Publishing Foundation.

67 Fonagy, P., Gergely, G., & Jurist, E. L. (2018). Affect regulation, mentalization

and the development of the self. Routledge.

68 Fonagy, P., & Allison, E. (2014). The role of mentalizing and epistemic trust in the therapeutic relationship (Vol. 51, No. 3, p. 372). Educational Publishing Foundation.

69 스티븐 헤이즈. (2010). 마음에서 빠져나와 삶 속으로 들어가라. (민병배, 문현비 역). 학지사

70 Hayes, S. C., Luoma, J. B., Bond, F. W., Masuda, A., & Lillis, J. (2006). Acceptance and commitment therapy: Model, processes and outcomes. Behaviour research and therapy, 44(1), 1-25.

Kashdan, T. B., & Rottenberg, J. (2010). Psychological flexibility as a fundamental aspect of health. Clinical psychology review, 30(7), 865-878.

71 Hayes, S. C., Strosahl, K. D., & Wilson, K. G. (2011). Acceptance and commitment therapy: The process and practice of mindful change. Guilford press.

스티븐 헤이즈. (2010). 마음에서 빠져나와 삶 속으로 들어가라. (민병배, 문현비 역). 학지사

72 Frankl, V. E. (1985). Man's search for meaning. Simon and Schuster.

빅터 프랭클. (2026). 죽음의 수용소에서. (이시형 역). 청아출판사

73 Steger, M. F., Frazier, P., Oishi, S., & Kaler, M. (2006). The meaning in life questionnaire: assessing the presence of and search for meaning in life. Journal of counseling psychology, 53(1), 80.

74 Park, C. L. (2010). Making sense of the meaning literature: an integrative review of meaning making and its effects on adjustment to stressful life events. Psychological bulletin, 136(2), 257.

75 Masten, A. S. (2001). Ordinary magic: Resilience processes in development.

American psychologist, 56(3), 227.

76 Bonanno, G. A. (2004). Loss, trauma, and human resilience: have we underestimated the human capacity to thrive after extremely aversive events?. American psychologist, 59(1), 20.

77 Calhoun, L. G., & Tedeschi, R. G. (Eds.). (2014). Handbook of posttraumatic growth: Research and practice. Routledge.

Tedeschi, R. G., & Calhoun, L. G. (2004). " Posttraumatic growth: conceptual foundations and empirical evidence". Psychological inquiry, 15(1), 1-18.

78 Janoff-Bulman, R. (2010). Shattered assumptions. Simon and Schuster.

79 Tedeschi, R. G., & Calhoun, L. G. (2004). " Posttraumatic growth: conceptual foundations and empirical evidence". Psychological inquiry, 15(1), 1-18.

80 Park, C. L. (2010). Making sense of the meaning literature: an integrative review of meaning making and its effects on adjustment to stressful life events. Psychological bulletin, 136(2), 257.

81 Tedeschi, R. G., & Calhoun, L. G. (1996). The Posttraumatic Growth Inventory: Measuring the positive legacy of trauma. Journal of traumatic stress, 9(3), 455-471.

82 Boals, A. (2023). Illusory posttraumatic growth is common, but genuine posttraumatic growth is rare: A critical review and suggestions for a path forward. Clinical Psychology Review, 103, 102301.

83 프리드리히 니체 (2022). 초역 니체의 말 (박재현 역, 시라토리 하루히코 엮음). 서울: 삼호미디어.

마음 회복 연습

초판 1쇄 발행　2026년 2월 3일

지은이　곽현정
펴낸이　권지현
펴낸곳　이음과펼침
책임편집　이음과펼침 편집부

출판등록　2025년 7월 21일 제2025-000129호
주소　서울시 서초구 양재동 392-3, 202B
이메일　connectnbloom@gmail.com
원고투고　connectnbloom@gmail.com
홈페이지　www.connectnbloom.com

ISBN　979-11-24329-01-6(03180)

· 가격은 뒤표지에 있습니다.

· 파본은 구입하신 서점에서 교환해 드립니다.